Über wahre
Runen–Mysterien

Sonderheft Nr: IV

Seila Orienta

Mein Dank geht an Peter Windsheimer für das Design des Titelbildes. Des Weiteren an Ariane und Michael Sauter.

Für Schäden, die durch falsches Herangehen an die Übungen an Körper, Seele und Geist entstehen könnten, übernehmen Verlag und Autor keine Haftung.

Herstellung und Verlag:
BoD – Books on Demand, Norderstedt.
ISBN: 9783744836807

Inhaltsangabe:

Vorwort:

An dieser Stelle möchte ich eine Bemerkung von Franz Bardon unterstützen, in der er sagte, dass nur ein Beherrscher der dritten Tarotkarte in den Tempel des Lichts zugelassen wird. Im Buch von Jan van Rijckenborgh – Die Bruderschaft von Shamballa – steht auf Seite 13: *„Dieses Inselreich (Shamballa) besteht noch als Oase in der Gobi. Es ist allen bekannt, welche das geheime Wort kennen, und allein das Kennen des Wortes gibt ihnen den Zutritt!"* – Ich glaube mit Recht sagen zu können, dass die nun folgenden Seiten solch einen Schlüssel bilden, um in das goldene Haus – „Bit en Nur" – Einlass zu bekommen.

Einleitung:

Diese Art der Magie ist die Leichteste, aber auch in ihrer Gefährlichkeit unübertroffen. Sie ist eine Art Quabbalah, und ist in gewisser Weise identisch mit Franz Bardons drittem Werk. Jede Rune besitzt eine Gegenrune. Um auf die Gefährlichkeit hinzudeuten, werde ich ein kleines Beispiel nennen. Ich will mich der Liebesrune stellen, um z. B. der kosmischen Liebe näherzukommen. Ich muss mich vorher davon überzeugen, dass kein Hass in meinem Innersten ist. Diese Einstellung muss vor allem im Alltag vorherrschen, denn die Hüter der jeweiligen Rune halten sich in unmittelbarer Nähe des Praktikanten auf. Nun passiert Folgendes:
Eine Person, die man nicht mag oder sogar hasst, tritt plötzlich auf den Plan. Das Wesen der Liebe erträgt natürlich nicht den Hass, es muss sich unweigerlich zurückziehen. Nun kommt die Gegenrune mit dessen Vorsteher zum Tragen. Der nicht gut geschulte Runenmagier merkt zunächst nichts. Bis plötzlich der Mensch, den man hasst, wie von einem Schlag getroffen und nach einer gewissen Zeit seelisch sehr krank wird und später sogar körperlich. Beim Runenmagier ist festzustellen, dass der Hass gegen diese Person weiter steigt. Der Gesundheitszustand des „Opfers" verschlechtert sich weiter. Nun arbeitet der Magier nicht mehr mit der Liebesrune, da sie zu Hass wurde. Das ist auch nicht mehr nötig, denn der Dämon hat ein Opfer gefunden. Er ist nicht verantwortlich für das, was passiert, denn er kam nicht von alleine, sondern er wurde ja gerufen. Nun beginnt die Arbeit von Ursache und Wirkung. So ein Vergehen ist von der übelsten Sorte, sehr schnell nimmt einer der 49 Richter seine Arbeit auf. Er beobachtet noch eine gewisse Zeit den Runenmagier, ob dieser zur Einsicht kommt. Wenn ja, fällt das Urteil etwas günstiger aus. Sollte das nicht geschehen, wird der nichts ahnende Mensch, ich nenne ihn ab hier nicht mehr Magier, zunächst von seinem Weg abkommen. Dann folgen schwere Schicksalsschläge. Alle Wesen, selbst der Schutzgeist, verlassen ihn. Krankheiten, die sehr heimtückisch sind, werden folgen. Große Einsamkeit entsteht, bis der einstige Runenmagier zu einem Mensch wird, dessen Leben aus Krankheit, Einsamkeit, Erniedrigung usw. besteht. Er wird zur Unterdurchschnittlichkeit unter den normalen Menschen verdammt.
Außerdem werden für ihn ca. 10 Inkarnationen keine Magie zugelassen. Es wäre besser, solch ein Mensch hätte noch nie etwas von Magie in seiner

jetzigen Inkarnation gehört, denn für viele Jahrhunderte bleibt die Reife dieses Menschen gleich, oder was noch schlimmer wäre, er entwickelt sich zurück.

Für den Menschen, der einigermaßen ausgeglichen ist, stellt die Runenmagie eine große Hilfe im magischen Fortschritt dar, weil die positiven Runen einzelne Übungen aus dem „Adepten" sehr vereinfachen. Außerdem kann ein solcher Magier seinen Mitmenschen zum Segen werden. Auch Selbsthilfe bei eigener Erkrankung darf sehr wohl geleistet werden, was bei anderen magischen Arbeiten eher nicht gern gesehen wird. Aber nun genug davon. Mag sich jeder Praktikant selbst überzeugen, wenn er Interesse hat. Ich habe mir beinahe auch die Finger verbrannt, zum Glück habe ich aber durch Introspektion den Fehler erkannt. Sofort unternahm ich Gegenmaßnahmen, indem ich dem betroffenen Menschen half, außerdem gelang es mir dadurch, die Runenschwingung wieder zum Ursprung zu führen. Das war aber in meiner vorhergehenden Inkarnation, in der ich mich sehr intensiv mit Runen befasste. Aus dieser Vergangenheit schreibe ich gerade ein Runenbuch, welches wohl einzigartig ist, weil das eigentliche Wissen in dieser Welt nicht mehr zu finden ist. Gerade Alchemisten werden viel bessere Erfolge haben, weil einige Buchstaben ausschließlich dafür erschaffen wurden. Aber Vorsicht, man muss immer mit sorgfältiger Bedachtsamkeit an diese hohe Form der Magie herangehen!

Anion

Vorbemerkung zur Runenmagie:
Hohenstätten

Sephiroth (Sephirot, Sefirot oder Sefiroth) ist die hebräische Bezeichnung der zehn göttlichen Emanationen im quabbalistischen Lebensbaum (oder Ez Chajim = Yggdrasil). Diese Emanationen, die in philosophischen und theologischen Denkmodellen für das Ausströmen oder Hervorgehen von Ideen und Attributen aus der Fülle des ursprünglich Einen oder Vollkommenen – auch aus dem Göttlichen – stehen, verkörpern nach der Quabbalah in ihrer Gesamtheit symbolisch den himmlischen Menschen, den Adam Qadmon. Die Rückseite (sitra achra) des Lebensbaumes bildet der Baum des Todes mit den Qlipot (=Dämonen!).
Sephiroth ist der Plural des hebräischen Wortes Sephira, was Ziffer (Schlüssel) bedeutet. Die Quabbalah sieht in diesem Begriff zugleich den mystischen Ursprung des griechischen Wortes „Sphäre". Die vokale Verwandtschaft der Begriffe geht vermutlich auf den gemeinsamen Ursprung des hebräischen und des griechischen Alphabets in der uralten Runenschrift zurück.
Der „Lebensbaum" wird durch die Abfolge der Ziffern von 1 bis 10 (10 = Malchut (Erdreich), 1 = Kether (göttliche Krone)) strukturiert und will so die göttliche Schöpfung zugleich im Mikro- und Makrokosmos widerspiegeln. Die Sephiroth ergeben in ihrer Folge ein dynamisches Modell der Begegnung von semantischen Gegensatzpaaren, die auf der mittleren Achse einen Ausgleich erfahren. Den zehn Sephiroth werden sämtliche Inhalte der irdischen und göttlichen Welt systematisch zugeordnet. Dazu gehören Deutungen sämtlicher Schriften, Farben, Formen, Buchstaben, Engeln, Welten, Körperglieder usw. Der Quabbalist vereinigt so alle möglichen Erfahrungen, Elemente und Ereignisse mit dem Prinzip des Lebensbaums mit dem Ziel der Vertiefung und Vergöttlichung von Geist, Seele und Körper. Spekulative Quabbalisten meditieren damit, praktische Magier nutzen es als Modell für ihre magischen Operationen.
Die 10 Sephiroth (Schlüssel) und 22 Pfade (Runen) entstammen dem quabbalistischen Lebensbaum. Die Namen der zehn Sephiroth sind dem Tanach entnommen. Im Vers 1 Chr 29,11 EU finden sich die meisten der entsprechenden Worte:
1. Kether oder Kether Eljon (die göttliche Krone, erster aufleuchtender Punkt im En Sof, des Akashas).

2. Chochmah (göttliche Weisheit, Klugheit, Geschicklichkeit, Schöpfungsplan, Polarität).
3. Binah (Wille, Einsicht, Verstand; Intelligenz, das Kind der Schöpfung – Saturn).
4. Chesed (Liebe, Barmherzigkeit, Gnade, Gunst, Treue), bisweilen auch bezeichnet als Gedulah (Größe, Langmut – Jupiter), Abraham.
5. Din, Gewurah oder Gebura (Gesetz, Stärke, Macht, Sieg, Gerechtigkeit – Mars), Isaak.
6. Tiphareth (Aufrechterhaltung des Daseins, Pracht, Verherrlichung, Schönheit, die Sonne, der Mittelpunkt), Jakob.
7. Netzach (Ewigkeit, Beständigkeit, Sieg; Ruhm, Blut, Saft – Venus).
8. Hod (Glanz, Majestät, Donner – Merkur).
9. Jesod (Fundament, Gründung, Grund, Grundstein, Grundlage – der Mond), Josef.
10. Malchuth oder Schechina (Königreich, Herrschaft, königliche Würde, Regierung, Vierpoligkeit), David.

Das System der Sephiroth wird grundlegend im Buch Sefer Jetzira (hebr.: „Buch der Formung") dargestellt, einem der wichtigsten Werke der Quabbala, das vor dem 6. Jahrhundert n. Chr. entstand.

Die dem Menschen ähnelnde Auffassung der Sefirot als Körperteile geht im Wesentlichen auf die Schrift „Schi'ur Qoma" zurück. Hierin wird gemäß der Beschreibung des Geliebten im *Hohenlied* der göttliche Leib des Schöpfers mit geheimen Namen und Maßangaben beschrieben (siehe Franz Bardons Bild der dritten Tarotkarte). Die drei oberen Sefirot stehen für das göttliche Haupt, die nächsten beiden für die Arme, die sechste für Körper, Herz und Männlichkeit, die nächsten beiden für die Beine und die neunte für den Phallus. Die zehnte Sefira bezeichnet einen eigenständigen, weiblichen Körper: die Schechina. Diese Auffassung liegt auch dem Konzept des Adam Qadmon zugrunde, die auf die Anwendung der Gottesnamen in das System der Sefirot hinweisen. So steht das Tetragramm JHWH für die Sefira Kether, das „J" darin für Chokmah, das erste H für Binah, das W für die folgenden sechs Sefirot und das zweite H für die Schechina. Des Weiteren werden verschiedene paarweise vorkommenden Konzepte und Dinge (männlich/weiblich, Sonne/Mond, Himmel/Erde/Tag/Nacht usw.) mit dem Sefirot identifiziert.

Andere Erläuterungen stellen die Sefirot als Phasen der göttlichen vollkommenen Emanation, bzw. Personifikation ethischer Werte (göttliche Tugenden) dar und bilden den Ausgangspunkt der Welten, von der

Göttlichkeit bis hinab zur materiellen, physischen Sphäre. Somit ist der quabbalistische Lebensbaum ein vollkommenes System, dessen Schöpferwort genauso vollkommen angewandt werden muss. Macht man einen Fehler, setzt man eine falschen Gedanken, wirkt es sich verheerend negativ aus und die Entwicklung ist zu Ende. Deshalb ist Bedachtsamkeit von Nöten.

Die Göttin Demeter ist in der griechischen Mythologie eine Muttergöttin, welche diesem schöpferischen Runensystem vorsteht und es lenkt und leitet. Sie gehört zu den zwölf olympischen Gottheiten, den Olympioi, den 12 Alten der Bruderschaft, und ist zuständig für die Fruchtbarkeit der Erde, des Getreides, der Saat und der Jahreszeiten. Demeters römischer Göttername ist Ceres. Andere Namen und Titel von Demeter waren „Despoina" (Gebieterin), „Daeira" (Göttin), „Chloe" (Die Grünende), „Gerstenmutter", „Weise der Erde", „Weise des Meeres" und „Überfluss". Man merkt dabei ihre Güte und nützliche Fruchtbarkeit, welche sich nicht nur auf das Irdische bezieht. Die Hauptattribute von Demeter sind die Weizenähre und der Mohn. Sie wurde auch zusammen mit Blumen, Früchten und Samen dargestellt, oft mit einer Mohnblume, Symbole der hermetischen Entwicklung. Ihre Tiere sind das Schwein (Glück) und der Delfin (Weisheit), auf denen sie reitet. Auch die Biene (Sonnensymbol) ist Demeter zugeordnet. Das älteste bisher gefundene Standbild der Demeter stammt aus der „Schwarzen Höhle" in Phigalia (Arkadien). Sie wird mit einem schwarzen Mantel und einem Pferdekopf dargestellt, gorgonische Schlangen umwinden den Kopf. Diese Schlangen weisen sie als eine Hüterin von großen Geheimnissen aus. Deshalb erscheint sie nur dem Eingeweihten!

Warum ist das so? Ganz einfach: Wenn man mit den Runen arbeitet, welche dem Baum des Lebens entsprechen, alle Bedingungen sorgsam erfüllt, spricht man die Sprache der Götter, die am Lebensbaum ihre Quelle haben. Manche Ideen des Baumes sind identisch mit den Göttern, deshalb kommt man unweigerlich mit ihnen in Berührung, welche einem auf der Johannes-Leiter zu höchsten Höhen führen, in einer Weise, wie man es bis jetzt nicht kannte. Deswegen veröffentlichen wir hier diese Form der reinen Runenmagie, damit jeder den Baum bis an die Spitze erklimmen kann. Selbst F. B. Marby bestätigt meine Worte im Roman „Die drei Schwäne". Man erlangt ein unermessliches Wissen und die Weisheit wird Grenzen überschreiten; Leid wird abgebaut, Erkenntnis wird gewonnen, der Stein der Weisen kann hergestellt werden, denn es gibt in Verbindung mit den

Worten der Macht Gesten und Stellungen, die sofort und ohne Umschweife selbst harte Betonmauern zerstören würden wie Papierhäuser. Man kann dazu den Film „Dune – der Wüstenplanet" heranziehen, wo nur der Name „Paul Muad´dip" reicht, um einen Stein zu zerbröseln. So mächtig und noch viel mehr kraft hat das Schöpferwort!

Eines noch: Die großen Ur-Runen-Geheimnisse wurden nur für kurze Zeit in drei Orden gelehrt, und sind nach dessen Untergang wieder verschwunden:

- im *Golden Dawn* in England;
- im *Gold- und Rosenkreuzerorden* in Deutschland und
- bei den *Martinisten* unter Papus in Frankreich.

Dort bestand die Einweihung nur für kurze Zeit, denn alle Gründer dieser wahren Bruderschaften wussten, dass kein Mitglied die nötige Reife besaß, sie praktisch umzusetzen und edel zu verwerten. Deswegen waren die Götter sehr traurig, dass es keine Menschen gab, die die Runen beherrschen konnten, da es ihr Charakter nicht zuließ, weil sie weder rein noch ausgeglichen waren. F. B. Marby veröffentlichte deshalb in den 30er Jahren das erste kleine Runen-Arkanum zum Ausgleichen der drei Körper. Aber er musste es noch verschlüsseln; wir hingegen brachten im 3. Band der Runen-Mysterien die entschlüsselte Form heraus, sodass jeder gewillte Hermetiker den Ausgleich erreichen kann – d. h. ein neues Zeitalter ist angebrochen …

Die Gestalt der Demeter, wie sie sich dem Magier zeigt. In der Hand
hält sie den Herrscherstab über sämtliche Arkanen. Ihr Name steht für
das nicht Übertreten der Grenzen – Meter –, damit man immer die
Mitte trifft und in ihr bleibt.

1. Die Besprechung der Z–Dokumente
Hohenstätten

Unter diesem Titel existiert im Buch von Israel Regardie – „Das magische System des Golden Dawn" (Band II) – ein Aufsatz über diese Form der Magie. Die Z-Dokumente gehören zu den bedeutendsten, wichtigsten, zentralsten Dokumenten des *Golden Dawn* Ordens. Z-1 und Z-3 geben eine Erklärung der Symbolik des Neophyt–Rituals, während Z-2 auf den beiden anderen Dokumenten aufbaut und Anweisungen gibt, wie aus dem Neophyt-Ritual Techniken zur individuellen Evokation abgeleitet werden können.

Ich führe die Z-Dokument hier an, weil ich dadurch aufzeigen will, dass in der okkulten Literatur ähnliche Ritual schon vor über 100 Jahren praktiziert und aufgeschrieben wurden. Der Hermetiker kann anhand dieser Anweisung analoge Schlüsse zu den Ur-Runen von Anion ziehen, und er wird auch zahlreiche Parallelen feststellen.

Man muss immer im Auge behalten, dass diese Rituale im Zusammenhang mit den Runen-Stellungen stehen, welche wir im dritten Band dieser Reihe auf Seite 123 und im obigen Buch auf Seite 654-65 veröffentlicht wurden. All diese haben Beziehungen zu kosmischen Realitäten und zu göttlichen Ideen.

Diese drei Dokumente, Z-1, Z-2 und Z-3, gehören zu den wichtigsten aller Belehrungen, die der *Golden Dawn* herausgegeben hat. Sie stellen ausführliche Kommentare zum Neophytenritual dar. Alle drei sind angefüllt mit den tiefgründigsten Belehrungen zur Magie, die je geschrieben wurden, denn es handelt sich um die atlantischen Ur-Runen. Selbst Regardie betont die Wichtigkeit dieser Dokumente aufs Äußerste! Ursprünglich tragen sie die Handschrift von S.L. Mathers, dem Meister des Ordens. Deshalb soll man mit diesen Informationen sorgfältig umzugehen. Hier haben wir es mit gewichtigem Material zu tun, das verarbeitet werden, worüber man nachdenken und es sich immer wieder vor Augen führen muss. Es wird sich lohnen!

Viele böswillige Kritiker behaupten, es sei nur das Resultat von Forschungen, die McGregor Mathers im Britischen Museum anstellte. Das ist absoluter Unsinn! Ich fordere jeden Kritiker heraus, zu zeigen, wo und wie diese Methoden aus Büchern und Manuskripten im Britischen Museum entlehnt wurden. Es gibt keine! Seine Quelle war das reinste Akasha, welches alles Magische enthält, was nur ein wahrer Seher ermitteln kann. Dabei geht es unter anderem um das Vibrieren, um das Summen von Gottesnamen, welche Runennamen sind.

Allein das Annehmen von Gottesformen, wie es in einigen dieser Dokumente beschrieben wird, stellt eine weitere Methode dar, nicht nur sich selbst durch die Gottheit zu schützen, sondern gewährt Einlass in Heiligtümer zu erlangen, deren Existenz rein im Astralen liegen. Um Fertigkeit darin zu bekommen, muss diese Übung oft durchgeführt werden, das weiter unten genauer beschrieben wird. Die im Original-Text gegebenen Beschreibungen sind leider zu kurz gehalten. Einiges muss auch der Findigkeit und Intuition des Lesers und Studierenden selbst überlassen bleiben. Was ich hier anzumerken hätte, sollte aber ausreichen, auf seine Intuition zu achten, wenn er diese höchst wertvollen und inhaltsreichen Anweisungen durcharbeitet.

Die ganze Ausarbeitung ist in fünf Hauptabschnitte eingeteilt, die dem Pentagramm (=Rit-Rune) entsprechen. Zusätzlich wurde noch der zu Shin (Symbol des Dreizacks) gehörige Abschnitt in drei Unterabschnitte zerlegt, so dass alles in allem sieben Formeln für die magische Arbeit vorhanden sind.

Diese Rituale müssen intuitiv ausgeführt werden, wie sie Mathers beschrieben hat. Er schrieb nichts ohne Grund! Diese Methode erweckt die magischen Zentren oder Chakras, die Gottheiten, in der geist-seelischen Konstitution des Studierenden, ein Vorgang von vorrangiger Wichtigkeit, denn ohne die Kraft der Gottheiten (Eigenschaften) bleibt das Ritual ein bloßes Ritual – eine reine Formalität, kraftlos und tot, denn hinter den Chakren stehen die entsprechenden Gottheiten, welche die Kräfte symbolisieren. Deshalb brauchte man einen wahren Meister, welcher den Schüler in alle Geheimnisse der Ur-Runen einweihen musste, damit dieser dadurch Erfolg erlangen konnte.

Ohne die Anwesenheit der göttlichen Kraft jedoch kann nichts kontrolliert, gebannt oder auch nur beherrscht werden. Die einzige Kraft die dies vermag, ist die Gottheit. Das sollte man niemals vergessen!

Nun gehe ich zu den Z–Ritualen über, ohne sie zu kommentieren. Verweise aber gleichzeitig auf deren symbolischen Inhalt, den Anion in seinen Ur-Runen offen dargelegt hatte. Man sollte die Verbindungen zwischen dem hermetischen Orden der goldenen Dämmerung und denen vom Bardon-Kreis des Bundes suchen. Man wird viele, sehr viele Analogien finden, die den einen oder anderen bei seinem Studium unterstützen könnte.

13

Der kundige Hermetiker wird sofort die Verbindung dieser Rituale mit den quabbalistischen Buchstaben feststellen können:

2. Die einzelnen Z-Rituale
Z-1: Der über die Schwelle Eintretende
Die allgemeine Einleitung

Die Rede im Schweigen,
Die Worte gegen den Sohn der Nacht,
Die Stimme des Thoth vor dem Universum in Gegenwart der ewigen Götter,
Die Formeln des Wissens,
Die Weisheit des Atems,
Die Wurzel der Schwingung,
Die Erschütterung des Unsichtbaren,
Das Auseinanderrollen der Dunkelheit,
Das Sichtbarwerden der Materie,
Das Durchstechen der Windungen des gebeugten Drachen,
Das Hervorbrechen des Lichtes,
All dies liegt im Wissen des Thoth.

Die besondere Einleitung

Am Ende der Nacht,
An den Grenzen des Lichts,
Thoth stand vor den Ungeborenen der Zeit!
Dann wurde das Universum gebildet,
Dann traten seine Götter hervor,
Die Äonen des ungeborenen Jenseits.
Dann wurde die Stimme vibriert,
Dann wurde der Name erklärt,
An der Schwelle des Eintretens,
Zwischen dem Universum und dem Unendlichen,
Stand Thoth im Zeichen des Eintretenden,
Als die Äonen vor ihm aufgerufen wurden.
Er vibrierte sie in seinem Atem,

Er zeichnete sie in Symbolen auf,
Denn er stand zwischen dem Licht und der Finsternis.

Das Obige deutet auf die „Formeln" der Grade im Orden der goldenen Dämmerung hin.

Z–2
Die Formel der Lichtmagie
Eine Einführung in die praktische Arbeit mit der Formel

Im Ritual des Eintretenden – Stellung einer Ur-Rune – wird symbolisch der Anfang einer bestimmten Formel der Lichtmagie angedeutet. Dieses Ritual weist auf eine bestimmte Person, Substanz, Idee oder Sache hin, die aus der dunklen materiellen Welt genommen und der Wirkung der göttlichen Formel (=Runen) der Lichtmagie ausgesetzt wird. Hierin liegt auch der Beginn aller Evokationsformeln, deren Entwicklung anhand des inneren Wissens der einander folgenden Grade im Äußeren Orden gezeigt wird. Der Zugang zur Kenntnis der praktischen Magie liegt in einem echten Verständnis der Anwendung der Symbolik durch den „Eintretenden". Deshalb werden alle dem Ritual entnommenen Formeln unter fünf Überschriften aufgeführt, entsprechend den Buchstaben des Namens Jeheshuah (JHShinVH). Zum Buchstaben Jod und dem Feuerelement gehören die Arbeiten der Zeremonialmagie, etwa die Evokation von Elementargeistern und so weiter. Zum ersten He (Luft) gehört die Weihung und Ladung der Telesmata, sowie die Erzeugung von Naturerscheinungen, wie Stürmen, Erdbeben und so weiter. Dem großen heiligen Buchstaben Shin (Akasha) werden drei Gruppen von Operationen zugeordnet: spirituelle Entwicklung, Gestaltwandlungen und Unsichtbarkeit, dem Buchstaben Vau (Wasser) Divinationen aller Art und die Kunst, zwischen dem Ausführenden der Handlungen und dem Divinationsvorgang eine Verbindung herzustellen. Zum abschließenden He (Erde) gehören die Arbeiten und Operationen der Alchemie, die Folge ihrer Prozesse und Transmutationen.

Inhaltsangabe zur Zeremonie des Eintretenden
im Grade des Neophyten:

1. A – Die Zeremonie selbst. Der Ort des Tempels.
2. B – Der Hierophant.
3. C – Die Amtsträger.
4. D – Der Kandidat.
5. E – Die Eröffnungszeremonie.
6. F – Der Hierophant stellt fest, dass er eine Vollmacht des Zweiten Ordens besitzt und befiehlt dem Hegemonen, den Kandidaten vorzubereiten. Der Kandidat wird vorbereitet. Die Rede des Hegemonen.
7. G – Einlassung des Kandidaten. Erste Schranke beim Kerux. Erste Taufe des Kandidaten mit Feuer und Wasser.
8. H – Der Kandidat wird an den Fuß des Altars gebracht. Der Hierophant fragt: „Woher bist du gekommen...". Der Kandidat erwidert: „Ich suche nach dem verborgenen Licht...".
9. I – Der Kandidat wird gefragt, ob er bereit ist, den Eid zu leisten. Er stimmt zu und wird nun angewiesen, am Altar niederzuknien.
10. J – Ablegung des Eides, der Kandidat erhebt sich aus der knienden *Haltung.*
11. K – Der Kandidat wird nach Norden geleitet. Ansprache des Hierophanten: „Die Stimme meines höheren Selbstes...". Der Hierophant befiehlt die mystische Umkreisung auf dem Pfade der Dunkelheit.
12. L – Prozession. Der Kandidat wird im Süden aufgehalten. Zweite Taufe mit Feuer und Wasser. Rede des Hegemonen. Der Kandidat darf weitergehen.
13. M – Die Augenbinde wird gelüftet. Herausforderung durch den Hiereus. Rede des Hegemonen. Rede des Hiereus. Dem Kandidaten werden die Augen wieder verbunden; er wird weitergeführt.
14. N – Umkreisung. Aufenthalt im Norden. Dritte Taufe. Rede des Hegemonen und Erlaubnis für den Kandidaten, sich dem Tor des Ostens zu nähern.
15. O – Die Augenbinde wird zum zweiten Mal gelüftet. Der Hierophant fordert heraus. Der Hegemon antwortet für den Kandidaten. Rede des Hierophanten. Der Kandidat geht weiter.
16. P – Der Kandidat wird zum Altar des Westens geleitet. Der Hierophant nähert sich über den Pfad Samekh. Die Amtsträger bilden ein Dreieck. Gebet des Hierophanten.

17. Q – Der Kandidat erhebt sich. Der Hierophant spricht ihn an: „Lange hast du in der Finsternis geweilt. Verlasse die Nacht und suche den Tag." Die Augenbinde wird endgültig abgenommen, Szepter und Schwerter werden vereint. „Wir nehmen dich auf...", dann die *mystischen Worte*.

18. R – Der Hierophant deutet auf die Lampe des Kerux. Er befiehlt, dass der Kandidat auf die Ostseite des Altares gebracht wird. Er lässt den Hiereus die Zeichen übergeben und so weiter. Der Hiereus stellt den Kandidaten zwischen die Säulen. *Zeichen und Worte*. Er befiehlt die vierte und letzte Weihung.

19. S – Der Hegemon entfernt das Seil und versieht den Kandidaten mit den Insignien. Der Hiereus ordnet die mystische Umkreisung auf dem Pfade des Lichts an.

20. T – Der Hierophant hält einen Vortrag über die Symbole. Proklamation durch den Kerux.

21. U – Der Hierophant befiehlt dem Hiereus, den Kandidaten anzureden.

22. V – Der Hierophant weist den Kandidaten auf die Studiengebiete hin.

23. W – Erzeugen von Blut. Rede des Kerux. Letzte Warnung durch den Hiereus.

24. X – Der Abschluss wird vollzogen.

I. – Jod: Evokation

A – Der magische Kreis.

B – Der Magier trägt das große Lamen des Hierophanten und seine scharlachrote Robe. Ein Pentakel, auf dem das Sigill des Kreises und Kreuzes eingraviert ist wie auf dem Lamen des Hierophanten.

C – Die zu verwendenden Namen und Formeln.

D – Das Hauptsymbol der Evokation.

E – Der Aufbau des Kreises und die Anordnung aller verwendeten Symbole und so weiter an den ihnen angemessenen Orten, damit sie einen Golden Dawn-Tempel des Eintretenden symbolisieren; die Reinigung und Weihung des eigentlichen Platzes, des Ortes, der für die Evokation vorgesehen ist.

F – Die Invokation höherer Kräfte (die Anrufung der Gottheit, auf dessen Antwort man warten muss). Ein Pentakel aus drei konzentrischen Ringen, darin Name und Sigill in den passenden Farben, wird dreimal mit einer Kordel gebunden und in Schwarz eingewickelt, damit auf diese Weise eine blinde Kraft in Tätigkeit versetzt wird, die während der weiteren Zeremonie gerichtet und differenziert wird. Laute Ankündigung des Gegenstandes der Arbeit, Benennen des Geistes oder der Geister, die man evozieren will. Das wird gesprochen, während man mitten im Kreis steht und sich der Richtung zuwendet, aus welcher der Geist kommen wird.

G – Der Name und das Siegel des Geistes, in schwarzes Tuch oder Stoff gewickelt, wird nun in den Kreis an den zum Westen gehörigen Punkt gelegt, der den Kandidaten repräsentiert. Dann findet die Weihung oder Taufe des Siegels mit Wasser und Feuer statt, und der Geist oder die Geister, die evoziert werden sollen, werden mit lauter, fester Stimme genannt.

H – Das verhüllte Siegel wird nun an den Fuß des Altares gelegt. Der Magier ruft sodann laut den Namen des Geistes, beschwört ihn zu erscheinen und stellt fest, zu welchem Zweck der Geist evoziert wird, was in der Operation gewünscht wird, warum die Evokation zu dieser Zeit durchgeführt wird, und gibt schließlich feierlich bekannt, dass der Geist durch diese Zeremonie evoziert werden soll.

I – Laute Erklärung, dass alles für den Beginn der eigentlichen Evokation fertiggestellt ist. Handelt es sich um einen guten Geist, wird das Siegel nun in das weiße Dreieck auf den Altar gelegt, der Magier legt seine linke Hand darauf, hebt mit der rechten Hand das verwendete magische Instrument hoch (gewöhnlich das Schwert) und beginnt mit der Evokation des Geistes (Namen nennen) zu sichtbarer Erscheinung. Der Magier steht während der Verpflichtung am Platz des Hierophanten, unabhängig von der jeweiligen Richtung des Geistes. Ist das Wesen des Geistes jedoch böse, dann muss das Siegel außerhalb und westlich des weißen Dreiecks platziert werden, und der Magier soll darauf achten, dass er die Spitze des magischen Schwertes auf die Mitte des Siegels hält.

J – Der Magier stelle sich nun vor, er sei ähnlich dem anzurufenden Geist gekleidet, dabei soll er aber aufpassen, dass er sich nicht mit ihm identifiziert, denn das wäre gefährlich. Er soll nur eine Art Maske bilden, die er für diesen Zeitraum trägt. Kennt er die symbolische Gestalt des Geistes nicht, so nehme er die Gestalt eines Engels an, der dem gleichen Tätigkeitsfeld angehört (siehe Baum des Lebens). Wenn er die Gestalt angenommen hat, spreche er laut, mit fester, feierlicher Stimme, eine angemessene und kraftvolle Rede und eine Beschwörungsformel des Geistes, um dessen sichtbare Erscheinung herbeizuführen. Zum Abschluss der Beschwörung nehme er das versteckte Siegel in die linke Hand und klatsche dreimal mit der flachen Klinge des magischen Schwertes darauf. Dann recke er beide Arme so hoch er kann, das verhüllte Siegel in der Linken, das Schwert der Kunst in der Rechten. Gleichzeitig stampfe er mit dem rechten Fuß dreimal auf den Boden.

K – Das verhüllte und gebundene Siegel wird dann in den nördlichen Teil der Halle an den Rand des Kreises gebracht, und der Magier benutzt die Rede des Hierophanten vom Thron des Ostens mit folgender leichter Abwandlung: „Die Stimme der Beschwörung sprach zu mir: Hülle ich mich in Dunkelheit, dass ich mich auf diesem Wege ins Licht begebe...“. Dann proklamiert der Magier laut, dass die mystische Umkreisung stattfinden wird.

L – Der Magier nimmt das Siegel in seine linke Hand und umwandelt den magischen Kreis einmal, geht dann in den Süden und hält dort inne. Nachdem er das Siegel auf den Boden gelegt hat, stellt er sich zwischen dieses und den Westen und rezitiert die Rede des Kerux. Wieder weiht er es mit Wasser und Feuer. Dann nimmt er das Siegel in die Hand, schaut nach Westen und spricht: „Du zweifach geweihtes Wesen des..., magst du dich nun dem Tor des Westens nähern.“

M – Der Magier bewegt sich nun auf die Westseite des magischen Kreises, hält das Siegel in seiner linken Hand, das Schwert in der rechten, blickt nach Südwesten, maskiert sich astral wieder mit der Gestalt des Geistes (Gottverbundenheit) und öffnet zum ersten Mal die Bedeckung des Siegels teilweise, ohne sie jedoch ganz zu entfernen. Er schlägt das Siegel dann einmal mit der flachen Klingenseite des Schwertes und spricht mit lauter, klarer und fester Stimme: „Nur kraft des Namens Elohim kannst du von der Verborgenheit in die Manifestation übergehen. Chaos liegt vor allen Dingen und Finsternis und die Tore des Landes der Nacht. Ich bin der, dessen Namen Dunkelheit ist. Ich bin der Große auf dem Pfade der Schatten. Der Beschwörer im Herzen der Beschwörung bin ich. Erscheinst du vor mir ohne Furcht, so magst du weitergehen.“ Dann eröffnet er das Siegel.

N – Nimm das Siegel nach Norden, umkreise zunächst, halte ein, lege es auf den Boden, stelle dich zwischen dieses und den Osten, wiederhole die Rede des Kerux, weihe wieder mit Feuer und Wasser. Hebe es dann auf, blicke nach Norden und sprich: „Du dreifach geweihtes Wesen des..., magst du dich nun dem Tor des Ostens nähern.“

O – Wiederhole den Abschnitt M im Nordosten. Der Magier geht dann in den Osten weiter, nimmt das Siegel in die linke Hand, das Schwert in die rechte. Er nimmt die Gestalt des Geistes als Maske an, schlägt das Siegel mit dem Lotusstab oder dem Schwert und spricht: „Nur kraft des Namens JHVH kannst du von der Verborgenheit in die Manifestation übergehen. Nach der Formlosigkeit und der Leere und der Dunkelheit kommt das Wissen des Lichts. Ich bin jenes Licht, das aus dem Dunkel hervorgeht. Ich bin der Beschwörer im Herzen der Beschwörung. Erscheine vor mir in sichtbarer Form, denn von mir gehen die Kräfte des Gleichgewichts aus. Du hast mich nun erkannt, so gehe weiter zum kubischen Altar des Universums!"

P – Dann verhüllt er das Siegel und geht zum Altar, wohin er es legt, wie vorher gezeigt. Dann geht er zum Osten des Altars, hält Schwert und Siegel, wie bereits erklärt. Dann führt er eine äußerst machtvolle Beschwörung und Invokation des Geistes in sichtbare Gestalt durch, wobei er alle *Gottes–, Engel– und magischen Namen* einsetzt, die zu diesem Zweck angemessen sind, und bei der Beschwörung keines der Sigille, Siegel, Zeichen, geometrischen Figuren, Schriftzüge und ähnliches auslässt.

Q – Der Magier erhebt nun das verdeckte Siegel zum Himmel, zieht die Umhüllung völlig weg, lässt es aber noch verschnürt, und ruft mit lauter Stimme: „Wesen des..., lange hast du in der Finsternis geweilt. Verlasse die Nacht und suche den Tag." Er legt es dann auf den Altar und hält das magische Schwert erhoben darüber, mit dem Knauf direkt über der Mitte des Siegels und spricht: „Bei allen Namen, Mächten und durchgeführten Riten rufe ich dich nun in sichtbare Form." Dann folgen die *mystischen Worte.*

R – Der Magier spricht: „Wie sich das im Dunkel verborgene Licht daraus manifestieren kann, so sollst du dich aus der Verborgenheit in die Manifestation begeben." Er nimmt dann das Siegel wieder auf, stellt sich östlich vom Altar und blickt nach Westen. Dann soll er eine lange Anrufung an die Mächte und Geister anheben, die dem zu Beschwörenden direkt übergeordnet sind, damit sie ihn dazu zwingen, sich sichtbar zu manifestieren. Dann legt er das Siegel zwischen die Pfeiler, wobei er selbst vom Osten nach dem Westen blickt, und lenkt dann mit der Geste des Eintretenden seinen gesamten Willensstrom auf das Sigil. Damit fährt er fort, bis er merkt, dass seine Willenskraft nachlässt. Er schützt sich dann mit dem Zeichen des Schweigens gegen den Rückstrom vom Sigill und senkt die Hände. Dann schaut er in die Richtung, aus der der Geist kommen muss; er sollte bereits erste Anzeichen seiner sichtbaren Erscheinung wahrnehmen. Ist er nicht im Geringsten sichtbar, wiederholt der Magier von seinem Platz auf dem Thron des Ostens aus die Beschwörung der Oberen des Geistes. Diese Anrufung kann dreimal wiederholt werden und endet jedes Mal mit der Projektion der Willenskraft in der *Geste des Eintretenden* (Stellung) und so weiter. Erscheint der Geist aber auch bei der dritten Wiederholung noch nicht, dann ist klar, dass in der Operation ein Fehler vorliegt. Dann soll der Meister der Evokationen das Siegel auf den Altar legen und wie gewöhnlich das Schwert halten. Dabei spreche er ein demütiges Gebet an die großen Götter des Himmels, ihm die nötigen Kräfte zur rechten Vollendung der Evokation zu verleihen. Dann nimmt er das Siegel zurück zwischen die Säulen und wiederholt die vorhergehenden Abläufe, wobei der Geist gewiss anfangen wird, sich zu manifestieren, jedoch in nebliger, undeutlicher Gestalt. (Wenn aber der Ausführende, was wahrscheinlich ist, eine Neigung zur Evokation hat, manifestiert sich der Geist vielleicht schon zu einem früheren Zeitpunkt in der Zeremonie. Dennoch wird die Zeremonie bis zu diesem Punkt weitergeführt, ob er da ist oder nicht.) Sobald also der Magier die sichtbare Manifestation der Anwesenheit des Geistes sieht, soll er den Platz des Hierophanten verlassen und das Siegel des evozierten Geistes wieder mit Wasser und Feuer weihen.

S – Nun entfernt der Meister der Evokationen die bindende Kordel vom Siegel und hält das befreite Siegel in seiner linken Hand. Mit der flachen Klinge schlägt er darauf und ruft aus: „Im Namen der... invoziere ich in dir die Kraft zu vollständiger Manifestation als sichtbare Erscheinung." Er umwandelt dann dreimal den Kreis und hält dabei das Siegel in seiner rechten Hand.

T – Auf dem Platz des Hierophanten stehend, aber zur Stelle des Geistes gewandt und mit voller Aufmerksamkeit darauf, liest der Magier nun eine mächtige Invokation des Geistes zu sichtbarer Erscheinung. Vorher hat er das Siegel in der Richtung im Kreis auf den Boden gelegt, aus welcher der Geist erscheint. Diese Invokation sollte einigermaßen lang sein und die zu der Arbeit passenden *Gottes- und anderen Namen* wiederholen und betonen. Jetzt sollte der Geist voll und klar wahrnehmbar und in der Lage sein, mit direkter Stimme zu sprechen, falls das seinem Wesen entspricht. Der Magier proklamiert dann laut, dass der Geist (Namen nennen) gemäß den heiligen Riten ordnungsgemäß und angemessen evoziert worden ist.

U – Dann richtet der Magier eine Anrufung an die Herren der Ebene des Geistes, dass sie diesen zwingen, das auszuführen, was der Magier von ihm verlangen wird.

V – Sorgfältig formuliert der Magier seine Forderungen, Fragen und so weiter und schreibt sich die Antworten auf, die ratsam scheinen. Dann richtet der Meister der Evokationen eine Beschwörung an den evozierten Geist und verpflichtet ihn, niemanden zu verletzen, der mit dem Magier, seinen Gehilfen oder dem Ort verbunden ist, dass er in nichts betrüge und nicht darin versage, seine Befehle auszuführen.

W – Er entlässt den Geist dann in einer angemessenen Form, wie sie in den höheren Graden des Äußeren Ordens benutzt werden. Will er nicht gehen, so zwingt der Magier ihn dazu mit Hilfe von Kräften, die der Natur des Geistes entgegengerichtet sind. Er muss dem Geist aber ein paar Minuten Zeit lassen, seinen Körper wieder zu entmaterialisieren, in welchem er sich manifestiert hatte, denn er wird nur allmählich weniger materiell. Achte gut darauf, dass der Magier – und seine eventuellen Gehilfen – während des Verlaufs der Evokation und im Anschluss daran niemals den Kreis verlassen, bis der Geist vollständig verschwunden ist. In einigen Fällen und unter manchen Umständen können die astralen Zustände und hervorgerufenen Strömungen gefährlich sein, auch ohne dass der Geist das beabsichtigt; obwohl er es sicherlich versuchen wird, wenn er von niederem Wesen ist. Der Ausführende stelle deshalb vor Beginn der Evokation sicher, dass er alles Notwendige ordnungsgemäß im Kreis zur Verfügung hat. Ist es aber dennoch unumgänglich, den Verlauf zu unterbrechen, dann halte an diesem Punkt inne, verhülle und binde das Siegel, falls es schon geöffnet und entbunden ist, rezitiere eine Entlassungs– oder Bannungs-Formel und führe das kleine bannende Pentagramm- oder Hexagrammritual durch. Auf diese Weise kann er verhältnismäßig sicher den Kreis verlassen.

II. – He: Die Weihung von Talismanen:

A – Der Ort, an dem die Operation durchgeführt wird.

B – Der Magier.

C – Die eingesetzten und angezogenen Naturkräfte.

D – Das Telesma oder die materielle Grundlage.

E – Bei den Telesmata die Auswahl des Stoffes, aus dem das Telesma gebildet wird; die Vorbereitung und Anordnung des Ortes. Das Zeichnen und Herstellen des telesmatischen Gegenstandes. Bei Naturphänomenen die Vorbereitung der Operation; der Aufbau des Kreises, die Auswahl der materiellen Grundlage, wie ein Stück Erde, ein Kelch mit Wasser, eine

Feuerflamme, ein Pentakel oder ähnliches.

F – Die Anrufung der höchsten göttlichen Kräfte, Wickeln einer schwarzen Kordel um das Telesma oder die materielle Grundlage, Bedecken derselben mit einem schwarzen Tuch, Aufrufen der blinden Kraft darin. Lautes Nennen des Wesens des Telesmas oder der Operation.

G – Das Telesma oder die Materialgrundlage wird nun in den Westen gelegt und ordnungsgemäß mit Wasser und Feuer geweiht. Der Zweck der Arbeit und die angestrebte Wirkung werden dann mit lauter und klarer Stimme vorgetragen.

H – Der Talisman oder die materielle Grundlage wird vor den Altar gelegt. Nenne dabei laut das zu erreichende Ziel und versichere, dass es erreicht werden wird, und gib den Grund dafür an.

I – Laute Feststellung, dass alles vorbereitet und fertiggestellt ist, entweder für das Laden des Telesmas oder den Beginn der Operation zur Einleitung des Naturphänomens. Lege ein gutes Telesma oder eine materielle Grundlage in das weiße Kreuz auf dem Altar. Lege ein schlechtes Telesma westlich davon. Für einen guten Zweck halte das Schwert in der rechten Hand aufrecht, für einen bösen mit der Spitze in die Mitte des Dreiecks.

J – Nun folgt die Durchführung einer Invokation, um den gewünschten Geist zu dem Telesma oder der Materialgrundlage anzuziehen. Dabei werden über demselben die geometrischen Figuren, Sigille und so weiter mit dem passenden Instrument in die Luft beschrieben. Nimm dann das Telesma in die linke Hand, und schlage mit der flachen Klingenseite des magischen Schwertes dreimal darauf. Erhebe es dann mit der Linken, wobei du das Schwert mit der Rechten hochhältst und dreimal mit dem rechten Fuß aufstampfst.

K – Der Talisman oder die Materialgrundlage wird zum Norden hin gelegt, und der Ausführende trägt die Rede des Hierophanten an den Kandidaten vor: „Die Stimme der Beschwörung sprach zu mir: Hülle mich in Dunkelheit, dass ich mich auf diesem Wege ins Licht begebe. Ich bin das einzige Wesen in einem Abgrund der Finsternis. Vor meiner Geburt trat ich hervor aus der Dunkelheit, aus der Stille des ursprünglichen Schlafes. Und die Stimme der Äonen antwortete meiner Seele, Geschöpf der Talismane, das Licht scheint in die Dunkelheit, aber die Dunkelheit hat es nicht angenommen. Lasst die mystische Umkreisung auf dem Pfade der Finsternis stattfinden, auf dem das symbolische Licht des okkulten Wissens den Weg weist."

L – Indem du das Licht in die rechte Hand nimmst (nicht das vom Altar), führst du die Umkreisung durch. Nimm nun das Telesma oder die Materialgrundlage und trage es um den Kreis herum, lege es gen Süden auf den Boden, binde es, reinige es erneut mit Wasser und Feuer, erhebe es mit der linken Hand, wende dich nach Westen, und sprich: „Zweifach gesegnetes Wesen des Talismans, magst du dich nun dem Tor des Westens nähern."

M – Mit dem Telesma in der linken Hand geht er nun in den Westen, blickt nach Südosten, enthüllt das Telesma teilweise, schlägt mit der flachen Klinge einmal darauf und ruft aus: „Nur kraft des Namens Elohim kannst du aus der Verborgenheit in die Manifestation übergehen. Chaos liegt vor allen Dingen und Finsternis und die Tore des Landes der Nacht. Ich bin der, dessen Name Dunkelheit ist. Ich bin der Große auf dem Pfade der Schatten. Der Beschwörer im Herzen der Beschwörung bin ich. Manifestiere dich darum ohne Furcht vor mir, denn ich bin der, den du nicht zu fürchten hast. Du kennst mich nun, so gehe weiter." Nachdem dies getan ist, legt er das Siegel wieder fort.

N – Trage das Telesma im Kreis herum, lege es gen Norden auf den Boden, binde es, reinige es erneut mit Wasser und Feuer, und sprich: „Dreifach geweihtes Wesen des Talismans, mögest du dich nun dem Tor des Ostens nähern." (Halte den Talisman hoch.)

O – Halte das Telesma in der linken Hand, den Lotusstab in der rechten und nimm die Haltung des Hierophanten an. Enthülle den Talisman teilweise, schlage mit dem flachen Schwert darauf und sprich: „Nur kraft des Namens **JHVH** kannst du von der Verborgenheit in die Manifestation übergehen. Nach der Formlosigkeit und der Leere und der Dunkelheit kommt das Wissen des Lichts. Ich bin jenes Licht, das aus dem Dunkel hervorgeht. Ich bin der Beschwörer im Herzen der Beschwörung. Erscheine vor mir in sichtbarer Form, denn von mir gehen die Kräfte des Gleichgewichts aus. Du hast mich nun erkannt, so gehe weiter zum kubischen Altar des Universums."

P – Er verdeckt dann den Talisman oder die Materialgrundlage, geht weiter zum Altar und legt ihn darauf, wie zuvor gezeigt. Danach geht er in den Osten des Altars, hält den Talisman in seiner linken und das Schwert darüber erhoben in der rechten Hand. Dann trägt er eine sehr mächtige Beschwörung und Invokation jenes Geistes vor, um dieses Telesma oder die materielle Grundlage unwiderstehlich zu machen oder dieses Naturphänomen des ... sich manifestieren zu lassen. Dabei werden alle Gottes-, Engel- und magischen Namen benutzt und wiederholt, die zu diesem Zweck passen, und keines der Zeichen, Sigille, Siegel, geometrischen Figuren, Schriftzüge und ähnliches wird bei der Beschwörung ausgelassen.

Q – Der Magier erhebt nun das verdeckte Telesma oder die materielle Grundlage zum Himmel, zieht die Hülle dann völlig fort, lässt es aber noch gebunden und ruft mit lauter Stimme: „Geschöpf der Talismane (oder der Materialgrundlage), lange hast du in der Dunkelheit geweilt. Verlasse die Nacht und suche den Tag." Er legt es dann auf den Altar, hält das magische Schwert aufrecht darüber, den Knauf direkt über die Mitte und spricht: „Bei allen angerufenen Namen, Mächten und Riten beschwöre ich unwiderstehliche Macht und Kraft auf dich." Sprich dann die mystischen Worte aus.

R – Der Magier spricht: „Wie das im Dunkeln verborgene Licht in Erscheinung treten kann, so wird deine Kraft unwiderstehlich werden." Er nimmt das Telesma auf oder die Materialgrundlage, stellt sich östlich vom Altar auf und blickt nach Westen. Dann soll er eine lange Anrufung an die Mächte und Geister anheben, die dem zu Beschwörenden direkt übergeordnet sind, um den Talisman mächtig werden zu lassen. Dann legt er den Talisman oder die materielle Basis zwischen die Säulen, wobei er selbst vom Osten nach dem Westen blickt, und lenkt dann in der Geste des Eintretenden seinen vollen Willensstrom auf den Talisman. Er schützt sich dann mit dem Zeichen des Schweigens gegen den Rückstrom vom Sigill und senkt die Hände. Nun schaut er auf den Talisman, und ein blitzendes Licht oder Schein sollte darauf zu sehen sein, welches auf dem Talisman oder der Materialgrundlage spielt oder flackert. Bei Naturerscheinungen sollte auf einen schwachen Beginn des Phänomens gewartet werden. Tritt dieses nicht auf, so wiederholt der Magier von seinem Platz auf dem Thron des Ostens aus die Anrufung der Oberen. Diese Anrufung kann dreimal wiederholt werden und endet jedes Mal mit der Projektion der Willenskraft in der **Geste des Eintretenden** (Stellung) und so weiter. Wenn aber beim dritten Mal der Talisman oder die Materialgrundlage nicht blitzt, dann ist klar, dass in der Operation ein Fehler vorliegt. Dann soll der Meister der Evokationen den Talisman oder die materielle Basis auf den Altar legen und das Schwert wie gewöhnlich halten. Dabei möge er ein demütiges Gebet an die großen Götter des Himmels richten, ihm die nötigen Kräfte zur rechten Vollendung der Arbeit zu verleihen. Dann nimmt er den Talisman zwischen die Säulen zurück und wiederholt den vorigen Vorgang, woraufhin mit Sicherheit das Licht aufblitzen wird. Sobald der Magier dann das Licht sieht, verlässt er den Platz des Hierophanten und weiht erneut mit Wasser und mit Feuer.

S – Nachdem er dies getan hat, entfernt er die Kordel völlig vom Talisman oder der Materialbasis, schlägt mit dem Schwert darauf und ruft aus: „Im Namen des ... invoziere ich in dich die Kraft von ...“ Dann umwandelt er dreimal und hält dabei den Talisman oder die materielle Grundlage in der rechten Hand.

T – Auf dem Platz des Hierophanten stehend und den Blick fest auf den Talisman oder die Materialbasis gerichtet, welcher im Kreis auf dem Boden liegt, liest der Magier nun eine mächtige, lange Invokation, wobei er die Gottes- und andere zur Operation gehörigen Namen ausspricht und wiederholt. Der Talisman sollte nun deutlich sichtbar blitzen, das Naturphänomen sollte endgültig begonnen haben. Dann proklamiere der Magier laut, dass der Talisman ordnungsgemäß und angemessen geladen oder das Naturphänomen eingeleitet wurde.

U – Der Magier richtet dann eine Anrufung an die Herren der Ebene des Geistes, damit sie diesen zwingen, das auszuführen, was der Magier von ihm verlangen wird.

V – Der Magier formuliert dann sorgfältig seine Forderungen und stellt deutlich fest, was er mit dem Talisman beabsichtigt oder welches Naturphänomen er hervorrufen will.

W – Der Evokationsmeister richtet nun eine Beschwörung an den Geist und verpflichtet ihn, niemandem zu schaden, der mit dem Magier, seinen Gehilfen oder dem Ort verbunden ist. Dann entlässt er den Geist im Namen von Jehovashah und Jeheshuah, wickelt aber zuvor den Talisman ein. Um diesen nicht zu entladen, wird kein Bannungsritual durchgeführt. Im Falle von Naturerscheinungen ist es gewöhnlich das Beste, ihre Dauer festzulegen. Die Materialgrundlage wird, in weißes Leinen oder Seide eingewickelt, die ganze Zeit über aufgehoben, die das Phänomen andauern soll. Wenn der Zeitpunkt für dessen Beendigung gekommen ist, wird die materielle Grundlage – wenn es sich um Wasser handelt, fortgeschüttet; bei Ende zu Pulver gemahlen und verstreut; ist es eine harte Substanz wie Metall, muss es entladen, gebannt und fortgeworfen werden; eine Flamme für Feuer wird ausgelöscht; ein Fläschchen voll Luft wird geöffnet und gründlich mit reinem Wasser ausgespült.

III. – Shin Aleph – Unsichtbarkeit

A – Der Schleier der Verborgenheit.

B – Der Magier.

C – Die Wächter des Verbergens.

D – Das Astrallicht wird zum Schleier geformt.

E – Das Gleichgewicht der Symbole in der Gefühlssphäre.

F – Die Invokation des Höheren; eine Barriere außerhalb der Astralform legen; diese durch eine passende Invokation in Dunkel hüllen.

G – Die Idee, unsichtbar zu werden, klar formulieren. Den genauen Abstand festlegen, in welchem der Schleier den physischen Körper umgeben soll. Die Weihung mit Wasser und Feuer, so dass der Dampf beginnt, eine Grundlage für den Schleier zu bilden.

H – Anfangen, einen gedanklichen Schleier um den Ausführenden zu bilden. Laute Bekräftigung des Grundes und Gegenstandes der Arbeit.

I – Ankündigung, dass alles für den Beginn der Operation fertig ist. Der Magier steht in dieser Phase auf dem Platz des Hierophanten, legt seine Hand in die Mitte des weißen Dreiecks und hält in der Rechten den Lotusstab an dessen schwarzem Ende, bereit, den Schleier des Dunkels und Geheimnisses um sich zu sammeln. Bei dieser Operation, wie auch bei den beiden anderen, die Shin unterstehen, kann man ein zum Gegenstand passendes Pentakel oder Telesma benutzen, das behandelt wird, wie es für Telesmata gezeigt wurde.

J – Der Ausführende rezitiert nun eine Beschwörung des Schleiers der Dunkelheit, ihn zu umgeben und unsichtbar zu machen. Den Stab am schwarzen Ende haltend, dreht er sich dreimal vollständig herum und zieht um sich einen dreifachen Kreis, wobei er sagt: „Im Namen des Herrn des Universums und so weiter beschwöre ich dich, Schleier der Dunkelheit und des Geheimnisses, mich einzuhüllen, so dass ich unsichtbar werde. Menschen, die mich sehen, sehen mich nicht und verstehen es nicht; doch sollen sie etwas sehen, was sie nicht sehen, und nicht verstehen, was sie sehen! So sei es."

K – Bewege dich nun nach Norden, blicke nach Osten und sprich: „Ich habe meinen Fuß in den Norden gesetzt und habe gesagt, dass ich mich in Geheimnis und Verborgenheit hüllen werde." Wiederhole dann die Rede: „Die Stimme meiner höheren Seele...", und befiehl die mystische Umkreisung.

L – Gehe wie gewöhnlich im Kreis nach Süden, halte dort inne, und hülle dich selbst in einen Schleier der Dunkelheit. Zu deiner Rechten ist die Säule des Feuers, zur Linken die Wolkensäule, du aber greifst aus der Dunkelheit nach der Herrlichkeit der Himmel.

M – Bewege dich nun von den Säulen, die du gebildet hast, nach Westen, blicke nach Westen und sprich: „Unsichtbar kann ich das Tor der Unsichtbarkeit nur kraft des Namens Dunkelheit durchschreiten." Bilde dann mit Nachdruck den Schleier der Dunkelheit um dich herum und sprich: „Mein Name ist Dunkelheit und Verborgenheit. Ich bin der Große Unsichtbare vom Pfade der Schatten. Ich bin furchtlos, obwohl in Dunkel gehüllt, denn in mir, obwohl unsichtbar, wohnt die Magie des Lichts."

N – Wiederhole L.

O – Wiederhole M, aber sage: „Ich bin das in Dunkel gehüllte Licht. Von mir gehen die Kräfte des Gleichgewichts aus."

P – Sammle geistig den Schleier der Dunkelheit um dich, gehe auf die Westseite des Altars an den Platz des Neophyten, blicke nach Osten, bleibe stehen und beginne unter den passenden Namen eine Beschwörung des Schleiers der Unsichtbarkeit um dich herum.

Q – Sprich nun den Schleier der Dunkelheit folgendermaßen an: „Schleier des Verbergens, lange hast du im Verborgenen geweilt. Verlasse das Licht, damit du mich vor den Menschen verbergen kannst." Bilde dann sorgfältig den Schleier der Verborgenheit um dich herum und sprich: „Ich nehme dich als Hülle und als Schutz an." Dann folgen die mystischen Worte.

R – Bilde weiter den Schleier und sprich: „Vor allen magischen Manifestationen kommt das Wissen um das verborgene Licht." Gehe dann zu den Säulen und gib die Zeichen, Schritte, Worte und so weiter. Projiziere dann mit dem Zeichen des Eintretenden deinen gesamten Willen mit einer einzigen starken Anstrengung, um dein Verschwinden zu verwirklichen und für sterbliche Augen unsichtbar zu werden. Während du dies durchführst, muss bereits als Wirkung zu bemerken sein, dass dein physischer Körper für deine sterblichen Augen allmählich und teilweise unsichtbar wird, als bilde sich zwischen ihm und dir ein Schleier (und achte sehr darauf, an diesem Punkt nicht die Kontrolle über dich selbst zu verlieren). An diesem Punkt tritt aber auch eine göttliche Ekstase auf und eine erwünschte Begeisterung, denn es liegt darin die Erfahrung ausgeweiteter Kraft.

S – Baue von Neuem den Schleier auf, der dich verbirgt und einhüllt, und umwandle, in diesen gekleidet, den Kreis dreimal.

T – Bilde den Schleier nachdrücklich, stehe im Osten und rufe aus: „So habe ich um mich selbst einen Schleier der Dunkelheit und des Geheimnisses gewoben, der verbirgt und schützt."

U – Nenne nun in einer Invokation alle Gottesnamen von Binah (Saturn), damit der Schleier der Dunkelheit unter deiner rechten Kontrolle und Führung bleibt.

V – Erkläre dem Schleier gegenüber deutlich, was du damit zu erreichen wünschst.

W – Nachdem du den erwünschten Effekt erreicht hast und unsichtbar umhergegangen bist, ist es erforderlich, die Kräfte des Lichts anzurufen, dem Schleier der Dunkelheit und des Geheimnisses entgegenzuwirken, um ihn aufzulösen, damit keine Kraft versucht, ihn als ein Mittel zur Besessenheit zu benutzen und so weiter. Führe deshalb eine Beschwörung durch, wie erklärt, öffne dann den Schleier und tritt aus seiner Mitte heraus. Löse den Schleier dann auf, indem du eine Beschwörung der Kräfte von Binah benutzt, die Teilchen desselben aufzulösen und zu zerstreuen. Stelle aber sicher, dass sie stets bereit bleiben, sich auf deinen Befehl hin wieder zu sammeln. Auf keinen Fall aber darf dieser Schleier schrecklichen Geheimnisses ohne eine solche Auflösung übrig bleiben; denn wisse, dass er sehr schnell einen Eindringling anziehen würde, der zu einem fürchterlichen Vampir an demjenigen würde, der ihn ins Leben gerufen hat. Nach mehreren Durchführungen dieser Operation kann die Sache fast „per motem" (auf die Schnelle) durchgeführt werden.

Mem – Gestaltungswandlungen:

A – Die Astralform.

B – Der Magier.

C – Die zur Wandlung der Gestalt benutzten Kräfte.

D – Die Gestalt, die angenommen werden soll.

E – Das Gleichgewicht der Symbolik in der Gefühlssphäre.

F – Invokation des Höheren. Die Festlegung der Form, die als Maßgabe für die blinden Kräfte notwendig ist, sowie das Erwecken derselben durch ihren rechten Aufbau.

G – Die beabsichtigte Gestalt wird im Geist klar formuliert. Die Begrenzung und Festlegung derselben als deutliche Gestalt und die eigentliche Taufe durch Wasser und Feuer auf den Ordensnamen des

Adepten.

H – Die eigentliche, laute Invokation (=Runen) der Gestalt, die du vor dir aufzubauen wünschst, die Erklärung der Absicht des Ausführenden und der Gründe dafür.

I – Laute Ankündigung, dass nun alles fertig ist für die Operation zur Wandlung des Astralkörpers. Der Magier bringt die Gestalt, so nah es die Umstände zulassen, zur Position des Eintretenden (Ur-Runen-Stellung), er selbst nimmt den Platz des Hierophanten ein, hält dabei seinen Stab am schwarzen Ende und ist bereit, die Rede laut zu beginnen.

J – Nun trage er eine mächtige Beschwörung der Gestalt vor, in welche er sich umwandeln will, wobei er die Namen benutzt, die zu der Ebene, dem Planeten oder einem anderen Eidolon gehören, das mit der gewünschten Form am ehesten harmoniert. Indem er den Stab am schwarzen Ende hält und die Blüte über den Kopf der Gestalt richtet, sage er: „Im Namen des Herrn des Universums, erstehe vor mir, Form des..., in welche ich mich zu verwandeln gedenke, so dass also die Menschen, wenn sie mich sehen, ein Ding sehen, das sie nicht sehen, und das nicht verstehen, was sie sehen."

K – Der Magier spricht: „Gehe weiter in den Norden, in Dunkelheit gehüllt, Form des..., in welche ich mich zu verwandeln gedenke." Dann wiederhole er die gewöhnliche Rede vom Thron des Ostens. Befiehl dann die mystische Umkreisung.

L – Bringe die Gestalt nun herum nach Süden, halte sie dort fest und lass sie deutlicher werden, zwischen den beiden großen Säulen von Feuer und Wolken stehend. Reinige sie mit Wasser und Feuer, indem du diese Elemente auf beide Seiten der Gestalt bringst.

M – Gehe nach Westen, blicke nach Südosten, baue die Gestalt dort vor dir auf, und versuche, sie dieses Mal physisch sichtbar werden zu lassen (vgl. Franz Bardons 10. Stufe im „Adepten"). Wiederhole die Reden des Hiereus und des Hegemon.

N – Wiederhole L.

O – Wiederhole M.

P – Gehe weiter in den Osten des Altares, festige die Gestalt so nahe wie möglich am Platz des Neophyten. Sprich nun eine feierliche Invokation und Beschwörung mit den Gottesnamen und so weiter, die angemessen ist, die Form für deine Verwandlung in dieselbe vorzubereiten.

Q – Bleibe östlich vom Altar, sprich die Gestalt an: „Kind der Erde...", versuche sie dann physisch zu sehen. Bei den Worten „Wir nehmen dich auf..." zieht er die Gestalt an sich, so dass sie ihn einhüllt, wobei er darauf achtet, gleichzeitig das göttliche Licht durch das Aussprechen der mystischen Worte (=Runenformel) zu invozieren.

R – Während der Magier immer noch die Gestalt beibehält, sagt er: „Allen magischen Manifestationen geht das Wissen um das göttliche Licht voraus." Er bewegt sich dann zu den Säulen, gibt die Zeichen und so weiter und bemüht sich mit seiner gesamten Willenskraft, sich selbst tatsächlich und körperlich in der gewünschten Gestalt zu fühlen. An diesem Punkt muss er auf gleichsam umwölkte, neblige Art den Umriss der ihn einhüllenden Form sehen, obschon diese noch nicht vollständig sichtbar ist. Tritt das ein, aber nicht vorher, erkläre er sich als zwischen der riesigen Feuer- und der Wolkensäule stehend.

S – Er bemüht sich nun wieder, die Gestalt aufzubauen, als hülle sie ihn sichtbar ein; astral weiterhin die Form beibehaltend, umkreist er dreimal den Ort der Arbeit.

T – Im Osten stehend, erkläre er die Gestalt für vollständig, die nun manifest erscheinen sollte, ihn einhüllend, sogar ihm selbst sichtbar. Dann verkünde er laut: „So habe ich an mir selbst diese Wandlung vorgenommen."

U – Nun invoziere er alle höheren Namen und so weiter der zu der Gestalt gehörigen Ebene, dass er sie unter seiner rechten Kontrolle und Leitung behalte.

V – Er stellt der Gestalt gegenüber deutlich dar, was er mit ihr zu tun beabsichtigt.

W – Ähnlich dem vorigen Abschnitt W über Unsichtbarkeit, nur dass die Beschwörungen und so weiter an die entsprechende Ebene zu richten sind statt an Binah.

Shin – Spirituelle Entwicklung:

A – Die Gefühlssphäre.
B – Der Augoeides.
C – Die Anwendung der Sephiroth und so weiter.
D – Der Anwärter oder natürliche Mensch.
E – Das Gleichgewicht der Symbole.
F – Die Invokation des Höheren. Begrenzen und Kontrollieren des Niederen und das Schließen der materiellen Sinne, um das Spirituelle zu

erwecken.

G – Der Versuch, den natürlichen Menschen nach dem Höheren greifen zu lassen, indem zunächst das Ausmaß begrenzt wird, in welchem sein reiner Intellekt ihm dabei helfen kann; dann Reinigung seiner Gedanken und Bedürfnisse. Dabei erkläre er sich als zwischen der Feuer- und Wolkensäule stehend.

H – Das Streben des gesamten natürlichen Menschen nach dem höheren Selbst und ein Gebet für Licht und Führung durch das höhere Selbst, gerichtet an den Herrn des Universums.

I – Der Anwärter bekräftigt laut sein ernsthaftes Gebet um göttliche Führung und kniet westlich vom Altar in der Position des Kandidaten bei der Eintrittszeremonie. Gleichzeitig projiziert er sein Bewusstsein in den Osten und wendet sich, seinen eigenen Körper anblickend, nach Westen, wobei er astral seine physische linke Hand mit seiner linken Astralhand hält. Er erhebt seine rechte Astralhand und hält das Abbild des Lotusstabes an dessen weißem Ende in die Luft gestreckt.

J – Der Anwärter rezitiere nun langsam ein Gebet an die Götter und an das höhere Selbst (wie das des zweiten Adepten beim Eintreten in das Gewölbe), aber so, als täte er dies mit seinem Astralbewusstsein, welches auf die Ostseite des Altars projiziert ist. Wenn der Anwärter an diesem Punkt die Empfindung eines beginnenden Schwächegefühls hat, dann ziehe er sein projiziertes Astral sofort zurück und gewinne zunächst die Selbstbeherrschung wieder, bevor er fortfährt. Nun konzentriere der Anwärter seine gesamte Intelligenz in seinem Körper, lege die Schwertklinge dreimal auf den Punkt Daath in seinem Nacken und spreche mit der Kraft seines ganzen Willens die Worte: „So wahr mir der Herr des Universums helfe und meine eigene höhere Seele." Dann stehe er auf, blicke nach Osten und stehe einige Momente lang schweigend, seine linke geöffnete Hand und die rechte mit dem magischen Schwert voll über den Kopf ausgestreckt, seinen Kopf zurückgeworfen und mit den Augen nach oben blickend. So dastehend, strebe er mit seinem ganzen Willen nach seinen höchsten und besten göttlichen Idealen.

K – Dann gehe der Anwärter in den Norden, blicke nach Osten und halte feierlich die Rede des Hierophanten, wobei er wie zuvor versucht, sein sprechendes bewusstes Selbst zum Platz des Hierophanten zu projizieren (in diesem Fall auf den Thron des Ostens). Dann baue er im Geiste langsam das Eidolon des großen fackeltragenden Engels auf, der vor ihm steht, als würde er den Weg erleuchten und ihn darauf leiten.

L – Diesem folgend, umwandle der Anwärter und gehe nach Süden. Dort halte er an und strebe mit seinem gesamten Willen danach, zunächst die Seite der Gnade und dann die Seite der Strenge seines göttlichen Ideals zu erreichen. Dann imaginiere er sich selbst als zwischen den großen Säulen des Feuers und der Wolken stehend, deren Sockel in ständig ziehenden Wolken der Dunkelheit begraben sind, welche das Chaos in der Welt Assiah symbolisieren, deren Gipfel sich aber in herrlichem, unsterblichem Licht verlieren und bis in den weißen Glanz am Throne des Alten der Tage vordringen.

M – Nun bewegt sich der Anwärter weiter nach Westen, blickt nach Südosten und wiederholt die Reden des Hiereus und des Hegemonen.

N – Nach einer weiteren Umkreisung hält der Adeptenanwärter im Süden an und wiederholt die Meditation von L.

O – Derart geht er nun weiter nach Osten und wiederholt dort in gleicher Weise die Worte des Hierophanten und des Hegemonen.

P – Auf diese Weise gehe er weiter bis zur Westseite des Altars, immer geführt von dem fackeltragenden Engel. Und er projiziert sein Astral und pflanzt sein Bewusstsein in dieses ein, und sein Körper kniet während der gesamten Zeit, die seine Seele zwischen den Säulen verbringt, und er betet das große Gebet des Hierophanten.

Q – Nun kehrt die Seele des Anwärters in seine grobe Gestalt zurück, und in göttlicher Ekstase träumt er von der unaussprechlichen Herrlichkeit, welche jenseits im Unerschaffenen ist. Auf diese Weise meditierend, steht er auf und erhebt seine Hände, seine Augen und seine Hoffnungen zum Himmel. Er konzentriert seinen Willen auf die Herrlichkeit und murmelt leise die mystischen Worte der Macht.

R – An dieser Stelle wiederholt er dann die Worte des Hierophanten über die Lampe des Kerux, und er geht von der Ostseite des Altars zwischen die beiden Pfeiler. Zwischen diesen stehend oder sie errichtend, falls sie ihm nicht dort zu sein scheinen, erhebt er sein Herz zu seinem höchsten Glauben und meditiert so über die höchste Gottheit, die er sich vorstellen kann. Dann taste er mit seinen Händen in der Dunkelheit seines Unwissens herum, und mit der Gebärde des Eintretenden invoziere er die Kraft, dass sie die Dunkelheit von seiner geistigen Vision entferne. Derart versuche er, vor sich auf dem Thron des Ostens ein gewisses Licht oder einen feinen Glanz zu schauen, der sich selbst zu einer Gestalt formt. Diese ist aber nur in der geistigen Vision zu sehen. Infolge der spirituellen Erhebung des Adepten aber kann es manchmal scheinen, als nehme er sie mit seinen sterblichen Augen wahr. Dann ziehe er sich eine Weile aus der Kontemplation zurück und bilde ein weiteres Mal die Säulen des himmlischen Tempels, um sein Gleichgewicht zu finden.

S – Wieder strebe er danach, die entsprechende Herrlichkeit zu sehen, und wenn das erreicht ist, umkreist er dreimal und grüßt ehrfürchtig mit der Geste des Eintretenden den Ort der Herrlichkeit.

T – Nun stelle sich der Anwärter diesem Ort des Nichts gegenüber auf und verharre in tiefer Meditation und Kontemplation darüber. Gleichzeitig imaginiert er sich als davon eingehüllt und versucht, sich selbst mit dieser Herrlichkeit zu identifizieren. Derart weite er sich selbst aus, ähnlich dem Eidolon eines gewaltigen Wesens, und versuche, sich klar zu machen, dass dies das einzige wahre Selbst ist und dass der natürliche Mensch gleichsam dessen Grundlage und Thron bildet. Dies geschehe mit der angemessenen und geziemenden Ehrfurcht und Achtung. Deshalb rufe er gleichzeitig laut aus: „Darum wurde mir schließlich gestattet anzufangen, ein Verständnis der Gestalt meines höheren Selbst zu gewinnen.

U – Nun richte der Anwärter eine flehentliche Bitte an diesen Augoeides, ihm verständlich zu machen, was für seine Anleitung und seine Einsicht nötig sein mag.

V – Er zieht ihn in allen Angelegenheiten zu Rate, in denen er eine besondere Führung aus dem Jenseits gesucht hat.

W – Schließlich bemühe sich der Anwärter darum, eine Verbindung zwischen dieser Herrlichkeit und seinem Selbst aufzubauen. Angesichts derselben wiederhole er seine Verpflichtung auf die Reinheit des Geistes, wobei er jede Tendenz zum Fanatismus oder zur geistigen Überheblichkeit vermeiden soll. Der Adept denke daran, dass der hier geschilderte Vorgang auf keinen Fall angewendet werden darf, um zu versuchen, mit der höheren Seele eines anderen in Kontakt zu treten, denn sonst wird er auf jeden Fall in Irrtum, Halluzinationen oder sogar Wahnsinn geführt werden.

IV. – Vau Divination:

A – Die Art der Divination.
B – Der Wahrsager.
C – Die bei der Divination wirksamen Kräfte.
D – Der Gegenstand des Wahrsagern.

E – Die Vorbereitung aller notwendigen Dinge und das rechte Verständnis des Prozesses, um eine Verbindung zwischen dem verwendeten Vorgang und dem Makrokosmos herzustellen.

F – Die Invokation des Höheren; die Anordnung des Wahrsageschemas und die Initiation der dazugehörigen Kräfte.

G – Der erste Zugang zur Angelegenheit. Das erste Feststellen der Grenzen und Entsprechungen: der Beginn der Arbeit.

H – Die eigentliche und sorgfältige Formulierung der betreffenden Frage; alle ihre Entsprechungen und ihre Klassifikationen werden in Erwägung gezogen.

I – Laute Ankündigung, dass alle verwendeten Korrespondenzen (Entsprechungen) richtig und vollständig sind; der Wahrsager legt seine Hand auf das Instrument der Divination; östlich vom Altar stehend, bereitet er sich vor, die in der Divination erforderlichen Kräfte zu invozieren.

J – Feierliche Anrufung aller notwendigen geistigen Kräfte, um den Wahrsager bei der Divination zu unterstützen. Dann soll er sagen: „Deutlich wie in einem Spiegel steige du vor mir auf, oh magische Vision, die für das Gelingen dieses Wahrsagern notwendig ist."

K – Definiere die Begriffe der Frage genau und lege dabei schriftlich deutlich nieder, was bereits bekannt ist, was vermutet oder angenommen wird und was man erfahren möchte. Achte darauf, dass du zu Beginn deiner Urteilsbildung denjenigen Teil verifizierst, der bereits bekannt ist.

L – Als nächstes soll der Wahrsager deutlich in zwei Gruppen oder unter zwei Überschriften a) die Argumente für und b) die Argumente gegen den Erfolg dieses einen Divinationsgegenstandes aufführen, so dass er in der Lage ist, einen vorläufigen Schluss nach einer Seite hin zu ziehen.

M – Erstes Formulieren eines abschließenden Urteils aus den bereits erhaltenen Voraussetzungen.

N – Wiederhole L.

O – Das Bilden einer zweiten Beurteilung, dieses Mal über die weitere Entwicklung, die sich aus dem ergibt, was im bisherigen Verlauf der Urteilsbildung angezweifelt wurde und eine Voraussetzung für diese Operation war.

P – Der Vergleich des ersten, vorläufigen Urteils mit einer zweiten, sich daraus ergebenden Beurteilung befähigt den Wahrsager, sich eine Vorstellung von der vermutlichen Tätigkeit von Kräften hinter der offensichtlichen Ebene zu bilden, indem er eine Engelsgestalt invoziert, die mit diesem Vorgang im Einklang ist. Achte in einer solchen Sache darauf, dein Urteil nicht durch das Eingreifen deiner eigenen vorgefassten Ideen irrezuführen, sondern verlasse dich nach den entsprechenden Prüfungen nur auf das, was dir von der Engelsgestalt gezeigt wird. Wisse, dass der Hinweis nicht zuverlässig sein wird, wenn diese Gestalt nicht die Natur eines Engels hat; denn wenn es sich um ein Elementarwesen handelt, dann ist es aus einer niederen Ebene als der gewünschten.

Q – Der Wahrsager formuliert nun vollständig sein Urteil, sowohl was die unmittelbare Zukunft betrifft als auch die Entwicklung derselben, indem er das Wissen und die Hinweise in Erwägung zieht, die ihm von der Engelsgestalt gegeben wurden.

R – Hat der Wahrsager die Ergebnisse vorliegen, leite er einen weiteren Divinationsprozess ein, der auf den erreichten Schlüssen gründet, um damit die Grundlage für die weitere Arbeit zu bilden.

S – Für eine neue Beurteilung sammelt er nun wieder die Argumente für und gegen die Sache und leitet seinen Schluss von einer erneuten Operation her.

T – Dann vergleicht der Wahrsagende sorgfältig die ganze Beurteilung und die Entscheidungen, zu denen er gekommen ist, mit den Schlüssen daraus und erlässt infolgedessen eine knappe und folgerichtige Beurteilung.

U – Der Wahrsagende gibt nun dem Klienten Ratschläge in Bezug auf den Nutzen, den er aus der Beurteilung ziehen soll.

V – Der Wahrsagende formuliert deutlich, mit welchen Kräften gearbeitet werden muss, um dem Bösen zu begegnen oder das Gute zu erhalten, das in der Wahrsagung in Aussicht gestellt worden ist.

W – Denke schließlich daran, dass eine Wahrsagung für dich eine heilige Arbeit der göttlichen Lichtmagie darstellen soll und nicht durchgeführt werden darf, um deine Neugier in Bezug auf die Geheimnisse anderer zu befriedigen. Wenn du aber auf diese Weise in den Besitz von Geheimnissen eines anderen kommen solltest, dann achte sie und verrate sie nicht.

V. – Heh (schließendes) Alchemie:

A – Der Cucurbit oder Alembic.
B – Der Alchimist.
C – Die verwendeten Vorgänge und Kräfte.
D – Die zu transmutierende Materie.

E – Die Auswahl der zu transmutierenden Materie und die Herstellung, Reinigung und Anordnung aller benötigten Gefäße, Materialien und so weiter für die Arbeit an dem Prozess.

F – Allgemeine Invokation der höheren Kräfte für die Operation (=Gottverbundenheit). Die Materie wird in den Cucurbit oder das philosophische Ei gelegt, und die blinden Kräfte werden angerufen, in Dunkelheit und Schweigen darauf einzuwirken.

G – Der Beginn des eigentlichen Vorgangs. Die Regulierung und Begrenzung des erforderlichen Grades an Hitze und Feuchtigkeit, welche in der Arbeit eingesetzt werden soll. Erste Evokation, gefolgt von der ersten Destillation.

H – Das nach der Destillation verbleibende Residuum wird aus dem Cucurbit oder Alembic herausgenommen und im Mörser zu einem Pulver zerrieben. Dieses Pulver wird dann wiederum in den Cucurbit gegeben. Die bereits destillierte Flüssigkeit wird wieder darüber gegossen. Der Cucurbit oder das philosophische Ei muss geschlossen werden.

I – Der Cucurbit wird hermetisch versiegelt, und der Alchimist verkündet laut, dass alles für die Invokation der notwendigen Kräfte bereit ist, um die Arbeit durchzuführen. Die Materie wird dann auf den Altar gelegt, auf dem sich die Elemente und die vier Waffen befinden, und zwar auf das weiße Dreieck und auf eine blitzende Tafel allgemeiner Art, die sich mit der für die Arbeit ausgewählten Materie im Einklang befindet. Der Alchimist steht auf dem Platz des Hierophanten östlich vom Altar, legt seine linke Hand auf die Spitze des Cucurbits und erhebt die rechte Hand, in welcher er den Lotusstab am Streifen des Widders hält (im Widder liegt der Beginn des Lebens im Jahr). Er ist bereit, die allgemeine Invokation der Kräfte des göttlichen Lichts zu beginnen, um die Arbeit durchzuführen.

J – Die Invokation der allgemeinen erforderlichen Kräfte wird laut ausgesprochen und entspricht der Gruppe der alchimistischen Arbeiten, die durchgeführt werden sollen. Die Beschwörung der notwendigen Kräfte, um für die Arbeit im Cucurbit tätig zu werden. Mit der entsprechenden (geladenen) Waffe werden die notwendigen geometrischen Figuren, Zeichen, Sigille und ähnliches in die Luft gezogen. Dann sage der Alchimist: „So wahr mir der Herr des Universums helfe und meine eigene höhere Seele." Dann erhebe er den Cucurbit mit beiden Händen in die Luft und sage: „Ihr Kräfte des göttlichen Lichts, nehmt eure Tätigkeit hierin auf."

K – Lege nun die Materie zur Putrefaktion im Balneum Mariae

(Wasserbad) in sehr sanfte Wärme, bis die Dunkelheit anfängt, sie zu überziehen und sogar bis sie vollständig schwarz geworden ist. Wenn die Mischung von ihrer Natur her eine völlige Schwärze nicht zulässt, dann untersuche sie astral, bis in der astralen Erscheinung die stärkste mögliche Dunkelheit auftritt. Du kannst auch ein Elementarwesen evozieren, um dir mitteilen zu lassen, ob die Schwärze ausreichend ist. Achte in diesem Fall aber darauf, dass du nicht betrogen wirst, denn das Wesen eines solchen Elementars wird aufgrund des Symbols der Dunkelheit betrügerisch sein; frage ihn deshalb in diesem Stadium der Arbeit nichts weiter darüber, als nur, was die Schwärze angeht. Das kann anhand des Elementars selbst weiter geprüft werden, der entweder ganz schwarz oder in eine sehr schwarze Robe gekleidet sein sollte. Benutze bei dieser Evokation die Namen und so weiter von Saturn. Ist die Mischung hinreichend schwarz, dann nimmt den Cucurbit aus dem Balneum Mariae und lege ihn auf die Nordseite des Altars. Führe darüber eine feierliche Invokation der Saturnkräfte durch, damit sie darin tätig werden. Halte dabei den Stab am schwarzen Ende und sprich danach: „Die Stimme des Alchimisten...". Dann wird der Verschluss des Cucurbits entfernt und der Alembic zur Destillation darauf angebracht. Bei allen diesen Invokationen sollte eine blitzende Tafel (siehe John Dee usw.) benutzt werden, auf welcher der Cucurbit steht. Manche dieser Vorgänge können Wochen dauern oder sogar Monate, bis die notwendigen Kräfte erlangt werden; das hängt aber eher vom Alchimisten ab als vom Gegenstand.

L – Dann soll der Alchimist bei sanfter Hitze destillieren, bis nichts mehr hinübergeht. Er nimmt das Residuum und mahlt es zu Pulver. Dieses Pulver wird in den Cucurbit gebracht und darüber die zuvor destillierte Flüssigkeit gegossen. Dann wird der Cucurbit wieder in die sanfte Hitze des Balneum Mariae gestellt. Wenn es weitgehend aufgelöst erscheint (unabhängig von der Farbe), soll es aus dem Bad herausgenommen werden. Nun wird es einer weiteren magischen Zeremonie unterzogen.

M – Bringe den Cucurbit nun auf die Westseite des Altars, halte den Lotusstab am schwarzen Ende und führe eine magische Invokation des abnehmenden Mondes und des Drachenschwanzes durch. Der Cucurbit wird dann neun aufeinander folgende Nächte lang dem Mondlicht ausgesetzt (bei abnehmendem Mond), wobei bei Vollmond zu beginnen ist. Der Alembic (Destillierkolben) soll darauf angebracht werden.

N – Wiederhole den Vorgang nach Abschnitt L.

O – Der Cucurbit wird auf die Ostseite des Altars gestellt, und der

Alchimist führt eine Invokation des zunehmenden Mondes und des Drachenkopfes durch (dabei hält er den Lotusstab am weißen Ende), um auf die Materie einzuwirken. Der Cucurbit wird nun neun aufeinander folgende Nächte lang den Strahlen des Mondes ausgesetzt (der Vorgang endet bei Vollmond).

P – Der Cucurbit wird wieder auf das weiße Dreieck auf den Altar gestellt. Der Alchimist führt nun eine Invokation der Sonnenkräfte durch, damit sie auf die Materie einwirken. Dann wird er täglich zwölf Stunden lang den Sonnenstrahlen ausgesetzt, von 8.30 Uhr bis 20.30 Uhr. (Das sollte vorzugsweise dann geschehen, wenn die Sonne im Tierkreis stark steht, kann aber auch zu anderen Zeiten durchgeführt werden, niemals jedoch, wenn die Sonne sich im Skorpion befindet, in der Waage, im Steinbock oder im Wassermann.)

Q – Der Cucurbit wird wieder auf das weiße Dreieck auf dem Altar gestellt. Der Alchimist wiederholt die Worte: „Kind der Erde, lange hast du im Dunkeln geweilt...“ Indem er den Lotusstab am weißen Ende darüber hält, sagt er: „In dich rufe ich die invozierten Kräfte des Lichts" und spricht die quabbalistischen Worte aus. An dieser Stelle sollten helle und klare Lichtblitze im Cucurbit auftauchen, und die Mischung selbst sollte klar sein, soweit ihre Natur das zulässt. Invoziere nun ein Elementar aus dem Cucurbit, welches mit der Natur der Mischung in Einklang ist, und beurteile anhand der Farbe seiner Roben und ihrer Strahlkraft, ob die Materie bereits den richtigen Zustand erreicht hat. Erscheinen die Blitze aber nicht, und sind die Roben des Elementars nicht strahlend oder blitzend, dann lasse den Cucurbit sieben Tage lang auf dem weißen Dreieck stehen, wobei rechts von der Spitze des Dreiecks eine blitzende Tafel der Sonne und links davon eine des Mondes liegen sollte. Während dieser sieben Tage sollte er nicht gestört oder bewegt werden, besonders nicht im Dunkeln, geschweige denn in der Nacht. Dann sollte die zuvor genannte Operation über dem Cucurbit wiederholt werden, und wenn das blitzende Licht nicht erscheint, kann dieser Prozess insgesamt dreimal wiederholt werden. Ohne dieses wäre die Arbeit nämlich nutzlos. Wenn es aber nach drei Wiederholungen immer noch nicht auftaucht, ist das ein Zeichen, dass in der Arbeit ein Fehler vorliegt, der entweder in der Verfassung des Alchimisten oder in der Behandlung des Cucurbits liegt. Aus diesem Grunde sollten die Invokationen von Sonne und Mond wiederholt und die Materie ihren Strahlen mehrfach ausgesetzt werden. Wenn dies sorgfältig ausgeführt wird (besonders in Bezug auf den Drachenkopf und den

Drachenschwanz in Verbindung mit dem Mond, wie gelernt, denn diese haben große materielle Kräfte), dann wird sich ohne Zweifel das blitzende Licht im Cucurbit manifestieren.

R – Der Alchimist hält nun den Lotusstab am weißen Ende und zieht über dem Cucurbit das Symbol des Flammenschwertes, als würde es in die Mischung hinabkommen. Dann stelle er den Cucurbit auf die Ostseite des Altars. Der Alchimist steht zwischen den Säulen und führt eine feierliche Invokation der Marskräfte durch, damit diese darin tätig werden. Sieben Tage lang wird der Cucurbit dann auf eine blitzende Tafel des Mars zwischen die beiden Pfeiler gestellt (oder die gezeichneten Symbole derselben). Nach Ablauf dieser Zeit wird der Alembic aufgesetzt, und es wird, zunächst im Balneum Mariae, dann im Balneum Arenae, destilliert, bis die gesamte Mischung hinüberdestilliert ist.

S – Nun soll der Alchimist die Flüssigkeit des Destillats nehmen und darüber eine Invokation der Merkurkräfte (Planetenströme) durchführen, damit sie in der klaren Flüssigkeit tätig werden und darin das alchymische Merkur, ja gar das Merkur der Philosophen bilden. (Das Residuum oder der Totenkopf (Caput Mortuum) wird im Moment nicht weiter bearbeitet, sondern zur weiteren Verwendung beiseite gelegt.) Nach der Invokation des alchimischen Merkur sollte sich ein gewisser Glanz in der ganzen Flüssigkeit manifestieren, das heißt sie sollte nicht nur klar, sondern auch leuchtend und blitzend sein. Setze sie dann in einem hermetischen Behälter sieben Tage lang dem Sonnenlicht aus; am Ende dieser Zeit sollten deutliche Lichtblitze darin zu sehen sein. (Auch ein philosophisches Ei kann benutzt werden, aber der Auffangbehälter des Alembics erfüllt diesen Zweck ebenfalls, wenn er fest verschlossen wird.)

T – Nun wird das Residuum oder der Totenkopf aus dem Cucurbit genommen, klein gemahlen und weggestellt. Dann führt man über dem Pulver eine Invokation der Jupiterkräfte durch. Auf einer blitzenden Jupitertafel stehend, wird es dann sieben Tage lang im Dunkeln stehengelassen. Am Ende dieser Zeit sollte ein leichtes Blitzen darumherum wahrnehmbar sein. Wenn dieses aber noch nicht auftritt, wiederhole die Operation bis zu dreimal. Dann wird mit Sicherheit ein schwach blitzendes Licht auftreten.

U – Eine blitzende Tafel von jedem der vier Elemente wird nun auf den Altar gelegt, wie im Diagramm gezeigt. Wie ebenfalls deutlich angezeigt ist, werden auch die magischen Elementarwaffen daraufgelegt. Der Behälter, der das Destillat enthält, wird nun zwischen die Tafeln der Luft und des Wassers gestellt, der Cucurbit mit dem Totenkopf zwischen die Tafeln des Feuers und der Erde. Nun führe der Alchimist eine Invokation durch, wobei er besonders das große Pentagramm-Ritual benutzt sowie die niederen magischen Werkzeuge. Als erstes sollen die Kräfte des Feuers im Cucurbit auf den Totenkopf wirken! Zweitens sollen jene des Wassers auf das Destillat einwirken. Drittens sollen die Kräfte des Geistes auf beide einwirken, wobei der Lotusstab am weißen Ende benutzt wird. Viertens sollen jene der Luft auf das Destillat einwirken und schließlich jene der Erde auf den Totenkopf. Cucurbit und Behälter sollen auf diese Weise fünf aufeinander folgende Tage lang stehenbleiben. Am Ende derselben sollten Blitze in beiden Mischungen manifestiert sein. Diese Blitze sollten helle Farben tragen.

V – Der Alchimist lässt die Gefäße noch in den gleichen Positionen zueinander stehen, entfernt aber die Elementetafeln vom Altar, an die Stelle legt er eine von Kether. Diese soll weiß sein mit goldenem Besatz und zwischen die Gefäße auf oder in das weiße Dreieck gestellt werden. Dann richtet er eine sehr feierliche Anrufung an die Kräfte von Kether, damit das Arbeitsergebnis seinen Wünschen entspreche. Über jenes Gefäß zieht er das Symbol des Flammenschwertes. Hierbei handelt es sich um die wichtigste aller Anrufungen. Sie wird nur dann gelingen, wenn der Alchimist während der Arbeit der Invokation und der Herstellung der Tafeln seinem höheren Selbst eng verbunden bleibt. Ist sie erfolgreich, wird an ihrem Ende ein heller und durchscheinender Blitz die Stelle der leicht gefärbten Blitze im Auffangbehälter des Cucurbits einnehmen, so dass die Flüssigkeit wie ein Diamant funkelt, während das Pulver im Cucurbit leicht leuchtet oder schimmert.

W – Die destillierte Flüssigkeit wird nun vom Behälter auf das Residuum des Totenkopfes im Cucurbit gegossen, und diese Mischung wird zunächst wolkig aussehen. Danach wird sie zehn aufeinander folgende Tage lang der Sonne ausgesetzt (Zehn ist Tiphareth in der Übertragung des Einflusses von Kether). Sie wird dann wieder auf das weiße Dreieck auf dem Altar auf eine blitzende Venustafel gelegt, damit diese darin tätig werde. Sieben Tage lang bleibe es so, an deren Ende du nachsiehst, welche Form, Farbe und Erscheinung die Lösung angenommen hat, denn nun sollte ein gewisser weicherer Blitz in der Flüssigkeit aufgetreten sein. Um diesen Zustand zu überprüfen, kann ein Elementar evoziert werden. Hat sich dieser weichere Blitz manifestiert, stelle den Cucurbit in das Balneum Mariae, damit die Substanz in sehr sanfter Wärme sieben Tage lang umgesetzt wird. Lege es dann in das Balneum Mariae zum Destillieren, beginne dabei mit sanfter und ende mit starker Hitze. Destilliere auf diese Weise, bis nichts mehr hinüberfliegt, wenn nötig mit sehr heftiger Hitze. Bewahre die Flüssigkeit in einer dicht verstopften Phiole auf. Es handelt sich dabei um ein Elixier, das je nach Ausgangssubstanz benutzt werden kann. Ist es aus einem medizinischen Ausgangsstoff, so handelt es sich um eine Medizin; ist es aus einem Metall, so ist es zur Läuterung von Metall. Das musst du selbst beurteilen. Fülle das Residuum, ohne es zu pulverisieren, in einen Tiegel, wohl versiegelt und verkittet. Dieses sollst du dann in deinen Athanor legen und zunächst zu rot, hinterher zu weißglühender Hitze bringen. Tue dies sieben Mal an sieben aufeinanderfolgenden Tagen, wobei du den Tiegel jeden Tag wieder herausnimmst, sobald du ihn auf die größtmögliche Hitze gebracht hast und ihm erlaubst, langsam abzukühlen. Für diese Arbeit ist die heiße Zeit des Tages vorzuziehen. Am siebenten Tage dieser Operation sollst du deinen Tiegel öffnen und schauen, welche Form und Farbe dein Caput Mortuum (Totenkopf) angenommen hat. Es wird entweder einem Edelstein oder einem glitzernden Pulver gleichen. Dieser Stein oder dieses Pulver hat magische Kräfte, die von seinem Wesen abhängen.

*

Hier endet, was in Bezug auf die Formel der Lichtmagie geschrieben wurde.

3. Die Ur-Kasuie-Rune
Anion

Eines Tages gab Anion mir die Ur-Rune in die Hand und sagte: „Lies!" Ich verstand gar nichts mehr, denn es war völlig ohne Vorwarnung. Doch was ich las, war sagenhaft. Ich musste es nochmals lesen, und noch einmal, denn die Schrift bestand nur aus zwei Seiten. Aber ich war begeistert!

„Woher hast du das Material," fragte ich ihn.

„Aus den Tiefen des Akashas."

„Das ist eine atlantische Ur-Rune, wie du das in deinem Aufsatz über die Vernichtung von Atlas geschrieben hast?"

„Ja, mit Hilfe von diesen Runen hatten die atlantischen Magier ihre enorme Macht bekommen, die sie im Endeffekt missbrauchten."

„Irre! Aber wie praktiziert man sie? Denn du hast nur wenig geschrieben."

„Das wollte ich eben mit dir nun praktisch durchnehmen."

Ein Freudenschrei folgte.

Nun kommt es zu der Szene, welche ich in meiner Autobiografie „Auf der Suche nach Meister Arion" etwas verschlüsselt beschrieben habe. Ich musste das machen, weil ich nicht wusste, ob ich jemals die Runen veröffentlichen werde. Aber nun ist es eingetreten. Hier nochmals die Szene aus meinem Buch:

„Als Anion mit der Behandlung fertig war, bat er mich in das Kinderzimmer – den Ort der Einweihungen – zu kommen, da er sich mit mir über göttliche Eigenschaften unterhalten wollte.

„Das hat auch mit Deiner Vision im Spiegel zu tun, wozu ich sagte, dass wir später noch mal darüber sprechen werden. Nun gut, wie viele göttliche Eigenschaften kennst Du und aus welchen Charaktereigenschaften werden sie gebildet?", kam die für mich schwere Frage.

„Wenn ich richtig liege, dann sind es vier: Aus Wille wird Allmacht; aus Liebe wird All-Liebe; aus Verstand Allweisheit; aus Bewusstsein Allgegenwart!"

„Das ist richtig, aber hast Du Dich nicht gewundert, wieso Bardon auch beim Erdelement von Ewigkeit und Unsterblichkeit oder beim Luftprinzip neben Allweisheit noch von Allwissen spricht?"

„Ja, ja irgendwie schon, aber genaueres habe ich mir dabei nicht gedacht."

„Bardon schreibt doch in dem Kapitel über Gott im „Adepten": „Die

43

Synthese des Einswerden mit Gott liegt darin, die göttlichen Ideen von den niedrigsten Stufen, angefangen bis zu den Höchsten, so weit auszubilden, bis das Einswerden mit dem Universellen erreicht ist". Was glaubst Du, heißt das?"

„Keine Ahnung", gab ich zu.

„Typisch, da ist man jahrelang am Weg und hat keine Ahnung!"

Ich konnte nur meine Augen aufreißen und ihn anstarren. Zum Sprechen war ich nicht in der Lage.

„Denk doch mal nach?", kam die nächste Frage, die ich lieber nicht beantwortete.

„Das ist doch ganz einfach. Wir müssen unsere sämtlichen Charaktereigenschaften, von der untersten Rubrik bis zur Höchsten, hernehmen und sie in Verbindung mit einer göttlichen Eigenschaft bringen und solange darüber nachdenken, nachmeditieren, bis sie zu dieser entsprechenden Göttlichen wird!"

„Das macht man doch erst in der 10. Stufe?"

„Nein, denn wie willst Du jemals Herr einer Übung werden, wenn Du Deine Gedanken nicht unter Kontrolle bringen kannst, und am besten geht das, indem man sich mit einer göttlichen Eigenschaft verbindet und seine niederen Gedanken mit einem erhöhten, göttlichen Bewusstsein beherrscht, denn der wahre Herr aller Dinge ist und bleibt die Gottheit selbst! Im Wort „beherrschen" steckt das Wort „Herr" drin, was im Jüdischen mit Adonai übersetzt wird und das ist ein Name Gottes!"

„Ich verstehe, aber wie gesagt, ist das nicht ein bisschen früh?"

„Nein, denn immerhin machst Du Elementeübungen und die lassen sich nur durch die Gottverbundenheit beherrschen!"

„Wie gehen nun die Übungen der Gottverbundenheit?"

„Das Beste ist, wenn Du mit dem Wasserelement beginnst, weil das das ruhige und menschliche Tattwa ist. Wir nehmen die Liebe. Die steht zwar an oberster Stelle, aber man kann mit ihr am besten und leichtesten arbeiten. Du machst jetzt Folgendes: Du meditierst über die Liebe und über alle Charaktereigenschaften, die mit der Liebe in Zusammenhang stehen, d. h., die fähig sind, in die erhöhte Form der All-Liebe reinzupassen. Das wären je nach Seelenspiegel zwar andere, denn jeder Mensch ist anders geartet. Aus diesem Grund musst Du darüber nachdenken, welche für Dich die Richtigen sind. Ich gebe Dir einige als Beispiel: Güte, Toleranz, Verzeihung usw., die bei Dir im Seelenspiegel in der Rubrik 1-3 stehen, also vom Niedersten bis zum Höchsten alle vertreten

sind."
Mir rauschte schon der Kopf vor lauter neuen Erfahrungen und Übungen. Der Weg Bardons wurde anstatt leichter immer schwerer, und das sagte ich auch meinem Freund.
„Du hast recht, Bardons Weg ist sehr schwer, aber wie er schon in seinen Werken geschrieben hat, wird sich das am Ende alles lohnen und sieh nun einmal nur das und vergiss den Augenblick. Vielleicht hilft Dir das ein bisschen weiter. Ach, übrigens, das nennt sich das erste kleine Arkanum, bestehend aus vier Karten, den vier Elementen entsprechend. Nun probiere es einfach mal. Ich werde Dir dabei unter die Arme greifen, damit es nicht so schwer wird!"
Meine Augen leuchteten vor Freude über seinen letzten Satz. Sogleich machte ich mich daran, die eigentliche Übung zu beginnen.
Ich entspannte mich, schloss die Augen und sann über die Liebe nach, wie sie sich zu den Menschen verhält, dass sie verzeihend wirkt, verbindend. Dass jeder Streit zunichte gemacht wird, durch Liebe vernichtet man den Hass, durch Liebe wird Leid gelöst, auch das Karma wird beschwichtigt und vermindert. Dann fiel mir der legendäre Satz des Meisters der Mystik ein: „Liebe Deinen Nächsten", der die Erhöhung im Satz „Liebe Deine Feinde" findet. Dass durch die Liebe die ganzen Welten erschaffen wurden, die Menschheit; die Gottheit hat durch die Liebe uns den magischen Weg geschenkt, damit wir uns schneller entwickeln können, nicht durch Leid, sondern durch Selbstüberwindung! Das, was die Gottheit uns gegeben hat, das muss ich auch den Menschen geben. Durch Liebe wird man so wie Vater und Mutter sich gegenüber ihren Kindern verhalten – sie würden für sie sterben! Liebe ist Toleranz und keine Strenge.
Ich versuchte mich so hineinzuversetzen, dass ich schon zur menschlichen Liebe wurde, ja, ich verkörperte sie in ihrer Reinform, aber das Göttliche darin fehlte mir noch. Ich versuchte alles zu geben, aber die Gottheit zu erreichen war mir doch zu viel.
„Pass auf, Johannes", sagte Anion, der offensichtlich bemerkt hatte, wie schwer mir die Übung fiel. „Du bist ganz nah dran, die All-Liebe zu erreichen. Ich helfe Dir ein bisschen!" – Das ist nun die Szene, in der ich die Stellung einnahm und die Formel Kasui sang. – *Ich war gespannt, was nun passieren würde, und kaum hatte ich das zu Ende gedacht, da kam es mit einer Wucht auf mich zu, die ich unmöglich in Worte fassen kann, denn Worte können besonders göttliche Gefühle nicht im Geringsten beschreiben.*

Ich kann nur versuchen, es zu umschreiben, denn die Quintessenz trifft man nie mit Worten – unmöglich, man muss es erfahren: Ich spürte die Gottheit in mir, wie sie stärker wurde und mein Bewusstsein verdrängte. Ich merkte, dass der Mensch im Vergleich zur Gottheit unbedeutend ist und dass das einzige Ziel des Menschen in der Gottesverwirklichung liegt. Ich fühlte etwas in mir, was ich bisher nicht gekannt hatte, etwas komplett Neues, das den Menschen einfach schluckt, aber ohne Schmerzen, mehr mit Freude, denn man fühlt sich verbunden, man fühlt sich eins!

Und so war ich einen kurzen Augenblick die All-Liebe, ich durfte ihre göttliche Kraft spüren, ihre Macht erfühlen, deren Größe unbeschreiblich ist. Ich durfte erfahren, wie sich das anfühlt. Schweigend saß ich auf dem Bett.

„Bedanke Dich bei Deiner Gottheit für das Gefühl der All-Liebe und warte ab, was dann passiert", sagte Anion plötzlich und überraschte mich damit. Ich tat, wie es mir geheißen wurde und plötzlich hörte ich ihre Stimme, ich hörte, wie jemand mit mir sprach.

„Ich bin Du! Manche nennen mich auch Gewissen, andere wiederum Intuition! Ich bin immer in Dir und werde auch immer bei Dir sein. Ich werde Dich führen und leiten, bis wir eines Tages unsere Plätze tauschen!"

Ich war unfähig, auch nur ein Wort an Anion zu wenden. An meinem Blick muss er gemerkt haben, wie sehr mich dieses Erlebnis beeindruckt hatte.

„Je mehr man sich vergöttlicht, desto mehr spricht die innere Stimme mit einem. Das war nur ein Vorgeschmack darauf, was Dir passieren wird, wenn Du ausgeglichen bist und Deine Charaktereigenschaften vergöttlicht hast. Akasha wird Dein Begleiter, durch dick und dünn!"

*

Vorbemerkung zu den Ur-Runen:

Alle zwei nun folgenden Runen entsprechen den großen Arkanen des Meister Arion und stellen die rituelle Form der Tarotkarten dar. Diese decken sich wie bereits angeschnitten mit denen aus dem Orden „Goldene Dämmerung" des Engländers MacGregor Mathers. Dort trägt sie den Namen „Zeichen des Praktikus" und wird so gestellt (S. 654, Band II „Golden Dawn"):

Stellung der Rune im *Golden Dawn*.

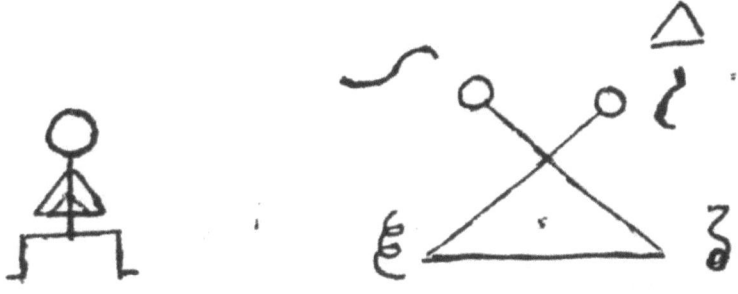

Original-Zeichnung von Anion

Nun zur Ur-Kasui-Rune:

Diese Rune lässt das elektrische und magnetische Fluid leicht beherrschen. Außerdem macht sie alle Elemente beherrschbar. Gegen Norden gestellt beherrscht man das Wasserelement, gegen Osten gestellt Luft, gegen Süden gestellt das Feuerelement und gegen Westen das Erdelement durch die Gottverbundenheit. Bevor diese Rune zu stellen ist, muss man ein Dreieck, ein Viereck, dann einen Kreis zeichnen. So stellt man die stoffliche Ebene, die Astralebene, zuletzt die Mentalebene dar. Diese Rune als Amulett beschützt den Träger auf allen Ebenen. Man beginnt leise KA-KA.... zu üben, danach KASU, das U wird langgezogen gesprochen und das U als tiefste Oktave. Erst bei Feindangriffen die ganze Rune laut, Kasui. Das

Amulett sollte rund und etwas groß sein, allerdings aus Gold. 333er Gold ist vorzuziehen, wegen der Zusatzmetalle. Es ist den Angreifern mit beiden Händen vorzuhalten.

Geht man in die Rune nach Osten (Luft), so werden anfangs ganz stille Gedanken kommen, später Weisheiten, es hängt natürlich von der Frage ab, das heißt vom Intellekt, welcher umgewandelt wird in Weisheit. Ähnlich ist das mit dem Feuerelement, wo wir Wille arbeiten lassen, um am Ende Macht zu haben. Beherrscht man diese Rune vollkommen, wird das Leben angenehmer, reicher, gesünder, vollkommener. Diese Rune hat eine derartige Macht, das sie durchaus mit einem Vorsteher der Erdzone verglichen werden kann, zumal diese Rune spricht. Sie ist Überintelligent und kann sich auch als Wesen zeigen. Eine Ur-Rune, bekannt auf Atlantis, darf ich niederschreiben. Die anderen 21 müssen unter dem Mantel der Vergangenheit bleiben. Wer aber die Kasui-Rune beherrscht, dem kann der Wächter dieser höchsten Runen weitere geben.

Alle Ur-Runen sind in ihrem Machtbereich teils 10 mal so stark, wie die beschriebene. Die Gegenrune erwähne ich erst gar nicht, weil sie nicht einem Menschen gefährlich ist sondern hunderten oder mehr.

Ich möchte nicht versäumen, auch die beiden Elemente Wasser und Erde zu erwähnen. Denkt man beim Wasserelement (Norden) sehr stark an Liebe, so wird es zur All-Liebe, wobei die verehrende Gottheit erscheinen kann, wobei Demut, Liebe zur Natur und echte Menschenliebe entstehen. Diese Fähigkeit besitzen nur wenige Menschen, deren Karma dann schnell abgebaut wird. Es könnten noch mehr angenehme Dinge passieren, die ich nicht niederschreiben möchte.

Beim Erdelement soll man Bewusstsein aufbauen, um dann vom Allbewusstsein eingenommen zu werden. Zurück bleibt ein messerscharfes Bewusstsein, ein hohes Erinnerungsvermögen und ein gewisse Vorausahnung von Ereignissen, auch im Alltag.

Diese Rune ist eine Heilrune, wie es kaum möglich erscheint. Man muss nur das Zeichen der Rune mit dem universellen Kondensator auf die betroffene Stelle zeichnen, dabei leise die Rune ganz aussprechen.

Sollten alle Vorteile dieser Rune aufgezählt werden, so müsste man ein ganzes Heft füllen. Der ehrliche Praktikant wird sie alle herausfinden.

Erwähnenswert ist, das diese Ur-Rune die Alchemie mit ins Leben gerufen hat. Es gibt kein besseres Mittel in der Verwandlung gewisser Dinge bei der Alchemie (siehe die Z-Dokumente des „Golden Dawn"). Aber wie gesagt, gibt es noch sehr viele Vorteile, die sich selbst zeigen, wenn der Schüler

diese Rune richtig beherrscht.
Die Rune besitzt keine Gefährlichkeit, solang man nicht egoistisch denkt.
Das kommt daher, weil der Gegengenius an sein Zeichen gebunden ist!

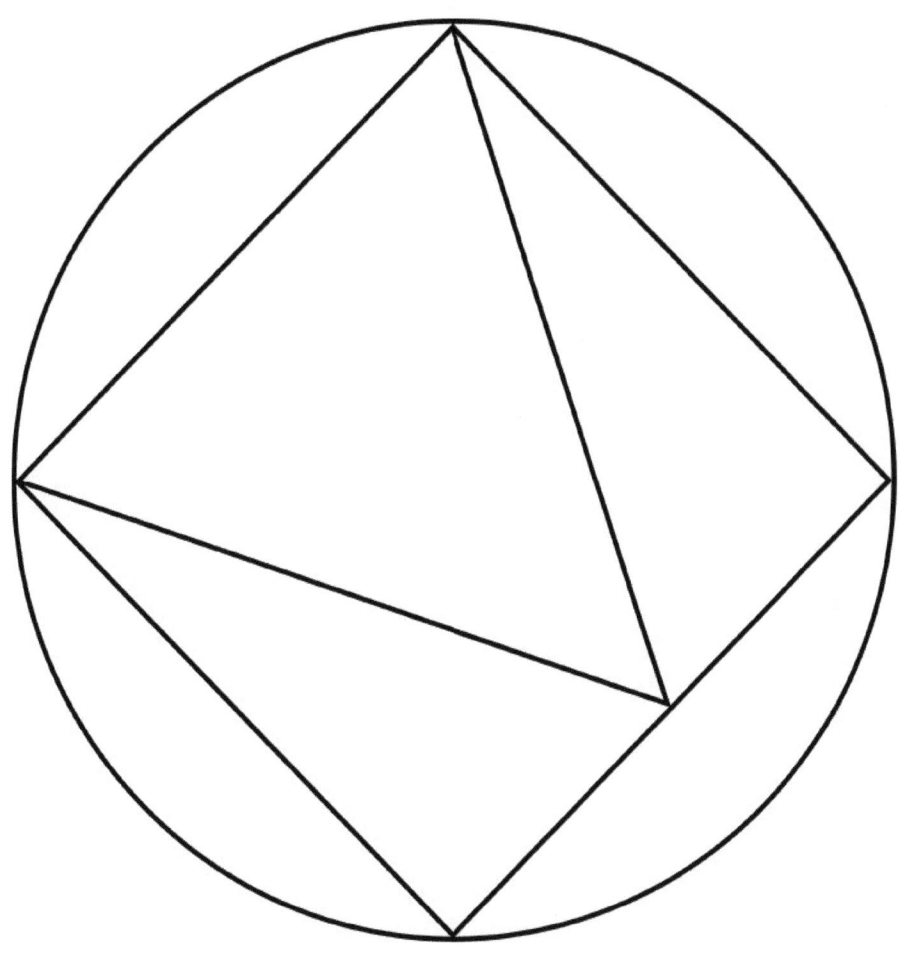

4. Das erste große Arkanum,
dargestellt in der Ur-Kasuie-Rune

Vorbemerkung:

Aufgrund der zu geringen Informationen über diese uralte Form der Runen-Magie, wie sie anhand der Kasui-Rune oben dargestellt wurde, verfasst Anion dieses Beiwerk, um die Vorgänge verständlicher zu machen. Ich möchte bei dieser Gelegenheit noch erwähnen, dass die Runenmagie den Schlüssel zur Beherrschung des „Adepten" liefert, denn nur durch die Gottheit ist man in der Lage, die einzelnen Übungen aus der 1. großen Tarotkarte zu meistern. Dies wird in jedem System so bewerkstelligt. Deswegen hatten wir mit Recht zuerst die Rituale des „Golden Dawn" erwähnt, und im Anschluss daran das erste Arkanum der atlantischen Epoche, denn dieser Verlauf soll aufzeigen, dass die Freimaurer und Rosenkreuzer den selben Weg gingen und zum Teil noch gehen, wie wir Hermetiker dies tun. Man sieht nämlich in beiden Systemen wunderschöne Parallelen, die wir nicht außer Acht lassen sollten.
Des Weiteren möchte ich noch kurz bemerken, dass ich den Stil, die Grammatik und den Satzbau von Anion so belassen habe, wie es das Original wiedergibt. Das Buch „Das erste kleine Arkanum" von Hohenstätten wurde aufgrund dieser kleinen Schrift verfasst. Es beinhaltet aber die meditative Form der Verbindung mit der Gottheit. Anions Schrift hingegen ist die rituelle Form, welche erst bei einem Ausgeglichen die richtig Wirkung zeigt und vollkommen durchschlägt. Jedoch, und das möchte ich hier nochmals betonen, steht der Vorsteher Ygilon dafür gerade, dass dem strebenden Schüler kein Leid geschieht, wenn er sich auf dieses unbekannte Terrain begibt. Denn erst wer ausgeglichen ist, wer sich gedanklich und gefühlsmäßig vollkommen beherrscht, ist in der Lage, die Rituale mit Erfolg zu praktizieren. Der 181 Vorsteher in Bardons „Evokation" verwaltet folgende Aufgaben: *„Ygilon (9 Jungfrau) – gilt als der Urinitiator der Sprache und Schrift. Auf Geheiß der Göttlichen Vorsehung veranlasste er, dass der Mensch seit seiner Erschaffung Gedanken, Begriffe, Ideen usw. zuerst durch Zeichen, dann durch artikulierte Worte, später durch zusammenhängende Sätze und*

schließlich als Sprache zum Ausdruck brachte. Sodann bewirkte dieser Vorsteher durch seine Untergebenen, dass diese Sprache in Symbolform auf verschiedene Art und Weise nach außen hin zum Ausdruck kam, wodurch der Grundstein zur Schrift als dem Verständigungsmittel, das in Form von Aufzeichnungen erfolgte, gelegt wurde. Erst nach sehr langer Entwicklung erreichte die Sprache in Schriftform den heutigen Stand. Demjenigen Magier, der sich mit der Entzifferung von uralten, bis heute noch unaufgeklärten Schriftzeichen beschäftigt, macht dieser Vorsteher alles spielend leicht verständlich. Es gibt keine schriftliche Aufzeichnung der Erde, die der Magier mit Hilfe dieser Intelligenz und ihrer Untergebenen nicht entziffern könnte. Auch die sogenannte wahre Runen-Magie kann der Magier von Ygilon erlernen."

Ich möchte abschließend noch bemerken, dass diese obige Warnung nicht ungerechtfertigt gegeben wurde. Wie man in meiner ersten Autobiografie sehen kann, fielen alle, die dieses atlantische Ur-Runen-Arkanum praktizierten, denn die Kraft war zu stark, sie als Ungeschulter, Unausgeglichener auszuhalten! Zwei wurden Drogensüchtig, eine Schizophren und ein vierter manisch-depressiv, der letzte wurde zum Psychopathen. Alles Zustände, die nicht mehr zu überbieten waren. Ein Gefallener versucht nach Jahren des Stillstandes wieder über die Ur-Kasui-Rune die Verbindung zu seiner Gottheit aufzunehmen. Dies wurde ihm aber vom obigen Vorsteher nicht gewährt, denn er änderte sich geistig-seelisch nicht im Geringsten! Sein Seelenspiegel entsprach nicht den hermetischen Richtlinien und wurde nicht annähernd richtig aufgestellt. Die nötigen Voraussetzungen für den Erfolg – Beherrschung der drei Körper, Reinheit, Ausgeglichenheit usw. – wurden nicht eingehalten, wofür die Werke von Franz Bardon gerade stehen. Anion hat dieses Werk so beschrieben, wie es ein das magische Gleichgewicht besitzender Hermetiker ausüben soll, also für einen Menschen, der die nötige Vorschulung besitzt, um mit Erfolg die Arbeit mit den Gottheiten aufzunehmen und ihre Kräfte, Schwingungen, unbeschadet standzuhalten.

Hohenstätten

Vorwort:

Das erste große Runen-Arkanum der Tarotkarten ist bislang unveröffentlicht. Es steht zwischen dem ersten und dem zweiten Sephiroth und nimmt einen sehr wichtigen Platz ein. Bis lang wurde das erste kleine Arkanum nur in der Astralebene gelehrt und praktiziert. Dass wir es nun auf der materiellen Ebene haben, kam nur zustande, damit wir die erste Tarotkarte besser begreifen können. Oftmals konnten wahre Schüler der Hermetik bestimmte Übungen jahrelang nicht beherrschen. Teilweise endete dieser Zustand in schlimmen Depressionen bis hin zur Verzweiflung, in der sich der wahre Hermetiker aufrieb, bis alle Kraft verbraucht war. Dieser Zustand war an Traurigkeit nicht mehr zu überbieten, denn anstatt Entwicklung gab es Verwicklung in Form der sogenannten lebenden Toten. Dem Durchschnittsmenschen war die Entwicklung schneller als dem ehrlich Strebendem, der Schlag für Schlag in Form von Demütigungen sein Leben bestreiten musste. Sie alle waren bemitleidungswürdige Menschen.

Ziel dieser Schrift ist es, diesen bedauerlichen Zustand endgültig zu beseitigen, um den Aufstieg der Fleißigen zu beschleunigen und was noch wichtiger ist, wieder Freude am Aufstieg zu haben!

Der Verfasser

Das erste Ur-Runen-Arkanum des Tarot:

Der ersten großen Tarotkarte untersteht ein Runen-Arkanum, bestehend aus 4 Symbolen. Dies deutet darauf hin, wie man nicht nur die Elemente beherrscht, sondern auch wie man sie vergöttlicht, wodurch letztlich das Arbeiten mit allen 4 Elementewesen möglich wird. Auch die 4. Tarotkarte hat seine geheime Bedeutung zu diesem Runen-Arkanum.

Stufe 1:

Wir nehmen unseren Seelenspiegel zur Hand und meditieren über alle unseren positiven Eigenschaften. Die negativen werden durch den göttlichen Spiegel beherrscht. Anschließend kommen wir zu einem Punkt, wo jeder menschlichen Eigenschaft eine göttliche vorausgeht. Tiefe Intuition der Zusammenhänge bringt uns auf den so wichtigen Nenner, aus Menschliches Göttliches zu machen. Ich möchte gleich hier im Bereich des Wasserelementes ein Beispiel aufgreifen.

Die niedrigste Manifestation liegt in der Sexualität, welche so sehr mit Akasha verbunden ist, das aus der Zweisamkeit ein Drittes geboren wird. Nun mag die Frage auftauchen: Was ist die Erhöhung der Sexualität? Die Antwort ist einfach: Im Niedersten verbirgt sich schon das Höchste. Das übergeordnete wird unter Eingeweihten so formuliert:

Liebe ist Gesetz (Sexualität), aber unter Wille.

Die Bedeutung ist, das wir die völlige Kontrolle über die Sexualität haben und uns ganz bewusst ist, das wir im Grunde schöpferisch arbeiten.

Als nächstes benennen wir einmal das menschliche Gewissen. In seiner normalen Tätigkeit warnt es den Menschen etwas Negatives zu tun. Ist eine Sache jedoch schon geschehen, so schmerzt es uns direkt. Dieser Schmerz ist ein Gefühl und daher unterstelle ich das Gewissen dem Wasserelement. Und nun die Meditation: Was ist das Gewissen und dessen nächst höchste Eigenschaft? Wie bemerkt, spricht Akasha, also kann die nächst höhere Eigenschaft nur sein, das Gewissen zu beruhigen und ihm keinen Anlass zu geben, einen Schmerz hervorzurufen. Jeder angehende Adept muss nach vier Jahren Praxis durch Gedankenkontrolle bereits so weit fortgeschritten sein. Ist dies nicht der Fall, so ist die erste Stufe im „Adepten" nicht erreicht, weil wir ja schon vier Jahre die Gedanken kontrollieren. Also hätten wir nichts gelernt, dürften wir das erste Runen-Arkanum nicht praktizieren, denn das ist das Wesentliche für die Praxis.

In der Hermetik wird also das Gewissen als Inspiration die nächst höhere Eigenschaft sein. Dies ist ein großes Geschenk des Akashaprinzips, welches uns große Geheimnisse oder Warnungen gibt. Man muss aber lernen, dieses Gefühl intellektuell zu verstehen. Die Intelligenz, die hinter allem steht, wird selbst eingreifen, damit man auf rechte Weise mit diesen kosmischen Fähigkeiten umgeht. Die Menschen, die dies erreichen, werden besser durchs Leben gehen und Schicksalsschläge können ihnen nichts mehr anhaben.

Nehmen wir als nächstes die Liebe zur Natur. Wir wissen, dass Gott sich in der Natur (Umgebung) mit all seinen kosmischen Gesetzen zeigt. Man muss sich erst auskennen, was eigentlich geschieht. Wir haben 4 Jahreszeiten, in denen sich im Frühling die Geburt zeigt, im Sommer das lehrreiche Leben, im Herbst das kostbare „Alter" und im Winter den Tod. Von Jahr zu Jahr immer dasselbe. Wir wissen, was sich nicht ändert, ist universell. Die Natur kennt weder Liebe noch Hass, dies ist ebenfalls universell. Meditation lässt noch sehr viel mehr Gesetze sichtbar werden. Die höhere Oktave zur Naturliebe ist die Erkenntnis der Gesetzmäßigkeit Gottes. Beim Versenken durch die sogenannte „Rune" kann bereits die Ekstase zur Erleuchtung führen. Denn selbst im Wasserelement gibt es eine Erleuchtung, die dem des Feuerelementes recht ähnlich ist. Man wird Hintergründiges erfahren, um zu den Schluss zu kommen, das alles aus Liebe geschaffen wurde. Weiterhin kommt die Einsicht, dass jedes geltende Gesetz sein muss, um überhaupt das Leben möglich zu machen. Noch viel mehr erkennt der Praktikant, von dem ich selbst nicht schreiben kann, weil es zu abstrakt ist.

Als nächstes nehmen zum Oberen wir die höchste Eigenschaft des Wasserelementes, nämlich die Liebe. Wir schauen zurück, wie wir jede Eigenschaft von der untersten bis zur höchsten bearbeiten konnten. Wir binden nun noch die Liebe zum Menschen, ja sogar die Liebe zu allen Geschaffenen ein. Dies geschieht in tiefster Meditation, um anschließend in unser Dreieck zu gehen, und den bekannten Ton K-A-S-U oder K-A-S-U-I zu summen. Wir lassen nun den Genius dieses Arkanums die Möglichkeit die Töne (Schwingungen) durch Intuition zu verlängern oder erhöhen, lauter zu singen usw. Langsam verändert sich der Geist, das Bewusstsein schwindet, um das Gefühl der All-Liebe aufkommen zu lassen, wir werden nichts mehr sehen oder hören, denn das kosmische Gefühl ist zu stark. Man ist die manifestierte Liebe selbst. Wir sind eins mit dem Gott der Liebe, welches unbeschreiblich ist. In diesem Zustand ist weder Zeit noch Raum. Dauert die Ekstase nur eine Sekunde, so kann es uns wie Stunden vorkommen. Nur langsam lösen wir uns. Viele Stunden sind wir wie von stärkster Liebe erfüllt, das ist ein großes Glücksgefühl, wobei wir kaum Gedanken fassen können. Wird man nun von einem Kranken berührt, kommt es zu Spontanheilungen im Wasserbereich. Selbst in den nächsten Tagen ist man so glücklich, das zur Arbeit, im Beruf jeglicher Sinn fehlt. Deshalb ist einige Zeit zu warten, bis man zum nächsten Element weitergeht. Dieses Erlebnis kann stärker oder schwächer sein, es hängt eben von der Entwicklung ab. Würden wir nun nicht weitermachen, so wären wir nur Heilige. Wie viel ist man Geistig, Astral gestiegen, in sehr geringer Zeit. Auch der Körper wird eine größere Ausstrahlung haben. Nun werden noch drei andere Elemente bearbeitet, wobei wir denken mögen, höher geht es nicht. An diesem Beispiel möchte ich eine Richtlinie setzen. Bei allen sieht der Seelenspiegel anders aus, daher wird die Praxis bei jedem anders verlaufen, aber am Ende erleben alle das Gleiche!

Das Feuerelement:

Es bleibt jedem Schüler überlassen, mit welchem Element er die nächste göttliche Eigenschaft anstrebt. Ich habe mich fürs Feuerelement entschlossen, weil dies sehr schwierig ist, in diesem Prinzip von den Eigenschaften die Übereigenschaften zu finden.
Wir beginnen wie beim Wasserelement über alle unseren positiven Eigenschaften des Feuerelementes zu meditieren. Anschließend müssen wir auch hier die übergeordnete Eigenschaft finden, um sie in ihrer Schwingung zu beleben.
Nehmen wir zum Beispiel die Ausdauer, deren höhere Schwingung die Göttliche Kraft ist. Kraft an sich ist etwas sehr abstraktes. Sie kann im Geist, in der Seele oder im Körper liegen. Unser Ziel ist es, diese Kraft auf alle Ebenen zu übertragen. Hierbei kann uns nur der Genius der sogenannten „Rune" helfen. Wir werden uns entgegengesetzt des Wasserelementes der Dreieckspitze zuwenden (Süden), um nun die bekannten Worte zu sprechen, wobei wir regelrecht spüren, wie die menschliche Eigenschaft das Übergeordnete annimmt, und die Kraft Göttlichen Ursprungs sich entweder langsam manifestiert oder sehr schnell

in uns einfließt. Es ist darauf zu achten, das im Geiste im Augenblick nur reine, kosmische Kraft schwingt. Das führt dazu, das es augenscheinlich um unseren Kopf etwas heller wird und wir bemerken Übernatürliches, welches nicht gewohnt, ein wenig Unbehagen bereiten kann. Doch danach werden wir sehr genau spüren, wie die Göttliche Intuition, als würde es im Kopf sprechen, sich wahrnehmen lässt. Dies ist ein Erlebnis, welches man so schnell nicht vergisst und letztlich muss es zur Gewohnheit werden.

Viele Dinge des Elementes werden uns erklärt und wenn wir es wünschen, können wir die Salamander bei ihrer Arbeit sehen, ohne jegliche Gefahr. Wir werden scharfsinnige, glasklare Gedanken bekommen usw.

Die Eigenschaft Begeisterung erfährt ihre Erhöhung im Glaube. Der Glaube ist eine Ausstrahlung des Akashaprinzipes in das Feuerelement hinein, wobei durch die „Rune" der manifestierte Glaube zustande kommt. Wir sehen unsere angebetete Gottheit vor unseren Augen, welches wiederum ein Glücksgefühl hinterlässt, dass unbeschreiblich ist. In diesem Moment erkennen wir, wie nahe die Demut des Menschen der Allkraft ist. Weitere Möglichkeiten des Feuerelementes tun sich dem Menschen kund, die aber niemals zu Papier gebracht werden können.

Der Wille:

Der Wille ist der Schüssel zur Allmacht. Wie beim Wasserelement schauen wir zurück auf die Eigenschaften und dessen stufenweise Vergöttlichungen. Man nehme sich hierfür recht viel Zeit. Erst wenn man bei der Meditation bereits ein Machtgefühl verspürt, stellen wir uns ins Dreieck. Durch das singen der Silben wird diese Macht allmählich stärker, bis das normale Bewusstsein verloren geht. Dafür nimmt die Allmacht immer stärker von uns Besitz. Ein äußerst heller Blitz, der nur geistig wahrnehmbar ist, macht uns zur manifestierten Allmacht. Wie mehrfach erwähnt, ist die Ekstase ähnlich wie beim Wasserelement, hebt sich jedoch durch die Expansion über alle Dinge hinaus, einschließlich des gesamten Alls.

Nun fehlen mir die Worte, um weiteres zu beschreiben. Auch in diesen Momenten fehlt Zeit und Raum, sodass man wiederum nicht sagen kann, wie lange die Verbindung eigentlich hielt. Wie beim Wasserelement wird man hier Stunden und tagelang von einem Glücksgefühl sprechen können, weil wir abermals der Gottheit einen Schritt nähergekommen sind. Zurück bleibt ein erleuchteter *Verstand*, in den uns, wenn wir weiterhin mutig den Weg des wahren Adepten gehen, diese Eigenschaft ein Leben lang begleiten wird und natürlich auch beim Ableben nicht verschwindet. Dies gilt für alle Elemente.

Es wäre zu müßig, die beiden anderen Elemente ebenfalls zu beschreiben und ein jeder Schüler wird durch Meditation nebst Intuition die nicht erwähnten Elemente vergöttlichen. Hier nur ein paar Hinweise:

- Luft: Aus Verstand wird Weisheit gemacht, aus Wissen Allwissen usw.
- Erde: Aus Bewusstsein Allgegenwart gebildet, aus Standhaftigkeit wird Unsterblichkeit usw.

Stufe 2:

Das Wichtigste dieses Arkanums ist, wenn einmal begonnen, nicht wieder aufzuhören. Dies hätte unbedingt eine Elementeverschiebung zur Folge, die zur Krankheit ausarten könnte. Wir dürfen nie vergessen, das wir es mit 4 Elementen zu tun haben, auch wenn uns das eine oder andere Element nicht so sehr anspricht. Immerhin haben wir es mit einer Seelenschulung zu tun, die bisher geheim war. Denn wir greifen nicht die negativen Charaktereigenschaften an, sondern durch Dynamisierung der hellen Eigenschaften wird erreicht, den dunklen Spiegel ohne große Anstrengung unter Kontrolle zu bringen. Diese Methode erreicht nun seit bestehen der Welt das erste Mal schriftlich die selbige. Dass alle planetarischen, negativen Wesen, insbesondere die negativen Elementewesen, stark abgeneigt waren, diese Zeilen zu verstofflichen, ist klar. Bisher wurde ein so heikles Wissen nur von Mund zu Ohr gestattet. Außerdem wird diese Lehre meistens in der Astralebene verwendet, um Schüler der Hermetik, für die Erde im erhöhten Maße vorzubereiten, um Erfolgreich gewisse Arbeiten stofflich erfüllen zu können.

Nun aber zurück zur Praxis. Es ist jedes Element dreimal zu bearbeiten. Das heißt, eine dreifache Umdrehung ist vorgesehen, analog den drei Ebenen. Die vierte Umdrehung ist dazu gedacht, die vier göttlichen Eigenschaften in eine Idee zu bringen. Die Allmacht in Kopf und Hals, die Allweisheit in der Brust, die All-Liebe im Bauch, die Allgegenwart im ganzen Körper. Dies wird wie folgt praktiziert:

Wir beginnen jetzt mit dem Feuerelement zu arbeiten, in dem wir uns zur Spitze des Dreiecks stellen (Süden), und Jod-Kasui sprechen, dann das Luftelement He-Kasui (Osten), das Wasserelement Vau-Kasui (Norden) und dem Erdelement He-Kasui (Westen). Dies tun wir so oft, bis der Erfolg erreicht wird, bis wir allein gemäß der Richtung nur noch Jod-He-Vau-He sprechen. Hier endet die 2. Stufe.

3. Stufe:

Ist bis jetzt alles planmäßig abgelaufen, so zeichnen wir einen Kreis in violetter Farbe. Wir verlassen den Kreis mit Viereck und Dreieck, um den neuen Kreis zu betreten. Das Dreieck des alten Kreises hat mit der Spitze nach oben zu zeigen. Damit verlassen wir auch unseren Helfer, der uns bis hierher vortreffliche Arbeit geleistet hat. Nun müssen wir den Rest alleine gehen. Denn nun kommt Akasha an die Reihe, welches uns zeigt, ob wir bestanden haben. Wir nehmen die uns bekannte Gottheit in uns auf. Ist es z. B. Christus, so müssen wir feststellen, das wir selbst zu Christus geworden sind. Wir haben all seine Erinnerungen, all seine Taten, seine Fähigkeiten. Haben wir dieses höchste Ziel erreicht, vermischen sich alle Eigenschaften, Akasha hat uns zu seinem Sohn gemacht. Vor uns im Dreieck erscheint der Führer, der uns geleitet hat, mit goldener Hautfarbe, bekleidet ganz in violett mit einer schönen Krone.

Im Viereck erscheinen die Urfürsten der Elemente und umringen ihren Herrn. Hier ist die Verbindung mit der 4. Tarotkarte. Der Weg ist frei, für die schnellst mögliche Entwicklung. Das Buch: „Der Weg zum wahren Adepten" wird nun in wenigen Monaten bis zu 5 Jahren vollendet. Es ist nur eine Frage der Entwicklung. Je stärker die Bindung zum eigenen Gott, umso schneller die Entwicklung zur Vollkommenheit. Der Buddhist wird zu Gautama, der Hindu zu Shiva, der Shakti Verehrer wird selbst zur großen Mutter.

Dies sind die Gesetze der Kasui-Rune, welche voll beschrieben die erste Tarotkarte ist. Aus anderem Blickwinkel das erste große Ur-Runen-Arkanum der 78 Tarotkarten. Daher fällt es mir schwer, von einer Rune zu sprechen. Ich benenne sie erstes großes Arkanum.

Jedem Schüler wünsche ich Erfolg mit diesem kleinen Heftchen, welches richtig angewandt, eine schillernde Perle der Hermetik ist.

Nachwort:

Um nichts in der Welt, wollte ich dieses Kleinod aus dem Astralen ins Stoffliche bringen. Es war ein stark gehütetes Wissen, welches mich einige Male in arge Bedrängnis brachte. Erst stellte ich dieses Wissen unter den Begriff Kasui-Rune dar, wo nur ein kleiner Teil beschrieben war, jeder einzelne musste mündliche Unterweisung bekommen. Die Hermetiker verstanden die Sache jedoch intellektuell verschieden, sodass mehr Gefahr zum Vorschein kam, als Erfolg. Andererseits wurde ich immer heftiger bedrängt, diese Zeilen nicht zu verfassen unter Drohungen wie finanziellen Ruin, Krankheiten, viel Pech und ähnlichem. Die Liebe und die Achtung gegenüber meinen Freunden ließen mich die Drohungen vergessen. Und so tat ich den Griff in die Astrale Schatztruhe, um das Leid der Erfolglosen Praktikanten zu stillen. Mag nun das Tor offen stehen, für jeden der es ernst meint.

ANION

*

Anmerkung: Die Siegelzeichen werden in den typischen vier Elementefarben in die jeweiligen Himmelsrichtungen gelegt, um die Wesen oder die Elemente-Qualitäten zu rufen. Der Kreis und die Siegel sind wie Heiligtümer zu verwahren. Aufgrund des quabbalistischen Schlüssel haben die Himmelsrichtungen folgende Zuordnung:
- Osten – Luft
- Süden – Feuer
- Westen – Erde
- Norden – Wasser

5. Die Ur-Amas Rune
Anion

Eine Woche später bekam ich einen Anruf, welcher mich wahrlich umwarf:
„Johannes, kommst du zu mir. Ich hab etwas sehr Interessantes für dich aufgeschrieben."
„Was denn?", kam es neugierig aus meinem Mund.
„Eine atlantische Evokations-Rune!", und ich ließ den Hörer fallen. Fünf Minuten später war ich bei ihm und las das Sagenhafteste, was ich je gelesen habe:

Die Ur-Amas Rune:

Diese atlantische Rune ist schwer zu deuten, selbst für den Magier, der in der Astralebene die Symbolik sieht. Er erkennt zwar die Idee, kann sie aber nur schwer in Worte kleiden wegen ihrer Abstraktheit. Ich benenne sie die Evokations-Rune, in der alle vier Elemente evoziert werden und der Kontakt zu den Wesen aufgenommen werden kann. Die Rune führt so weit, das Wesen der Erdgürtelzone, der Mondzone und der Merkurebene sichtlich erscheinen. Es steht also fest, das der Runenmagier, angefangen von den Füssen bis zum Kopf, in weißer Seide gekleidet sein muss. Hier wird beim Aussprechen das „A" für die Erdzone gebraucht, das „Ma" für den Mond, das „S" für die Merkurzone. Deshalb werden die Buchstaben (Runen) erst einzeln gesummt, bis man merkt, oder besser gesagt, innerlich spürt, das der Buchstabe richtig schwingt. Nur Priester oder hohe Druiden durften diese Rune ganz benutzen. Ihre Schüler mussten nach und nach jedes Element beherrschen. Es ist die evokative Priesterrune. Vor dem gewöhnlichen Volk wurde sie geheimgehalten. Diese Rune wurde nur kurzzeitig auf Holz gezeichnet, um sie nach der Arbeit zu verbrennen. Nun ist sie erstmals auf Papier niedergeschrieben. Sie muss ein Geheimnis für die Unwürdigen bleiben.
Um die Elementewesen zu erreichen, wird die ihnen zustehende Himmelsrichtung gewählt. Ist die Erscheinung aller 4 Wesen erreicht, so ist man unantastbar für alle Elemente geworden, sodass kein Feuer, keine Kälte etwas anhaben kann, selbst stärkste Orkane oder Erdbeben können uns nicht schaden.
Will man Wesen der Erdzone erreichen, so singen wir das „A"

langgezogen, die übrigen Buchstaben werden leise gesungen. Für die Mondzone laut „aMAs". Das „a" wird leise gesummt, das „s" ebenfalls! Für die Merkurzone „amaS", nur das „S" wird laut gesummt. Für die Evokation werden besonders dem Menschen zugeneigte Intelligenzen ausgewählt. Die Priester versetzen sich dabei in die göttliche Trance der ersten Ur-Rune. Man lässt z. B. Liebe aufkommen, wird zur All-Liebe, schließt die Augen, nimmt die Runen-Stellung ein und ruft das Wesen. Ein Siegelzeichen der zu rufenden Intelligenz ist in ein Dreieck zu legen. Danach öffnet man die Augen und fixiert die „Luft" im Dreieck. Die Rune wird immer wieder gesungen. Der Schüler kann als Anfänger die Runenformel 100 mal wiederholen, bis das Dreieck, insbesondere das Siegel, anfängt zu leuchten. Langsam formt sich das Wesen. Lichtpunkt erscheinen. Das ist aber schon eine hohe Leistung.

Ich habe oft diese Rune benutzt, wenn ich ohne Vorbereitung Wesen auf den Magischen Spiegel erscheinen ließ. Negative Wesen können nicht in Erscheinung treten, weil die Rune dies nicht zulässt. Es ist das gleiche Standkreissymbol (mit den vier entsprechenden Siegeln, siehe unten) zu verwenden, wie bei der ersten Ur-Rune, um darauf zu stehen. Außerdem wird diese Rune nur Tags gestellt.

Die Frage wird aufkommen: Braucht man das Buch „Die Praxis der magischen Evokation" noch? Die Antwort ist kurz. Für den Runenpriester nicht, denn diese Rune ist analog der 2. Tarotkarte. Für uns Anfänger ist es anders, obwohl diese zweite Rune eine große Hilfe ist, so müssen wir verstehen lernen, die magischen Geräte usw. zu präparieren bzw. uns in die verschiedenen Ebenen zu erheben. All das kann diese Rune ebenfalls erreichen, aber dann muss ein anderer Schlüssel verwendet werden. Es darf keine nichtgeschulte Person sich im Tempel aufhalten, weil die Strahlkraft sehr groß ist. Erst wenn alles ritualisiert ist, kann man evokativ wirken. Außerdem benutzen wir einen magischen Stab und einen scharfen Dolch. Dies ist und war schon immer ein Universalgesetz. Aber wir werden beides nur zu beginn gebrauchen, weil die Rune uns schützt, und zusätzlich die Seide. Ich selbst wand diese Ur-Rune nach zigtausend Jahren an. Sie hat an Kraft nebst Universalität nichts verloren, nur wurde diese Magie dem Menschen vor langer Zeit aufgrund der Vernichtung von Atlas genommen. Deshalb hat sie kein hoher Magier entschlüsselt ins Materielle geholt. Mag der obere Wächter mir verzeihen, nur ausgewählte Menschen dürfen überhaupt von dieser Rune wissen.

Nachtrag: Ist ein Wesen erschienen, gehen wir aus der Runen-Stellung heraus. Nur beim Verabschieden nehmen wir sie wieder ein!

Anmerkung:

Diese Rune deckt sich mit der von Mathers und heißt bei ihm „Zeichen des Philosophus": Dieses Bild zeigt die Stellung und Geste, die man beim Praktizieren einnehmen muss (S. 654, „Golden Dawn" Band II)

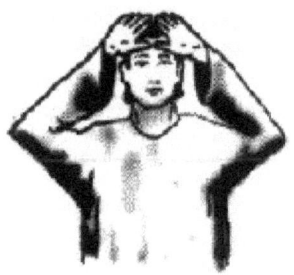

Stellung im *Golden Dawn*

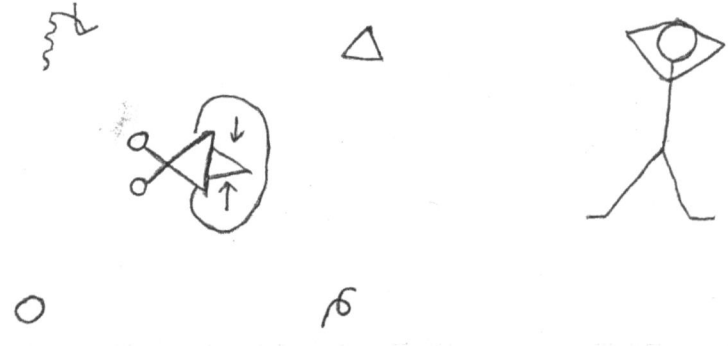

Original-Siegel-Zeichnung und Stellung von Anion

6. Die Runen-Magie des Futhark
Anion

Sämtliche Runen stellen einen Ausschnitt aus dem Futhark der Germanen dar und zeigen die rituelle Form der Quabbalah, der Buchstabenmystik, wie sie in den einzelnen Religionen praktiziert wurde. Deshalb soll man sie analog mit der „Quabbalah" des Meisters vergleichen bzw. Parallelen ziehen, um sie zu vervollständigen. Auch wenn die verschiedenen Stellungen in anderen Runenwerken anderen Elementen unterstehen, so trifft doch immer die Idee, die man in die Rune legt, den eigentlichen Kern. Das Buch wurde geschrieben, damit der ernste Schüler schneller und sicherer seinen Seelenspiegel aufstellen und ans Ziel gelangen kann, sich dadurch nötige Charaktereigenschaften auf die schnellst-möglichste Weise aneignen soll, damit dem Wissen und der Weisheit nichts mehr im Wege steht. Nur notwendig ist, dass man vollkommen seine Gedanken, seine Gefühle und Taten bewusst beobachtet, alles bis ins Kleinste notiert, und vor allen Dingen muss der Seelenspiegel stehen! Man darf auch niemals die Anwendung des ersten kleinen Arkanums vergessen, sondern sollte alle diese Ideen in die richtige Runenpraxis einfließen lassen. Dann steht dem Erfolg nichts mehr im Wege, wenn er das vorhergehende kleine Mysterium der fünf Elemente A-E-I-O-U des dritten Runenbandes vollbracht hat. Die kleinen Runen oder auch Arkanen dienten dem sicheren und entwicklungsgemäßen Aufstieg, um die großen Mysterien zu absolvieren. Erst dann kann man die großen Arkanen beherrschen, früher nicht!

Man sollte bedenken, wie mir Anion mündlich mitteilte, dass bei den einzelnen Runen die Himmelsrichtung geändert oder die Jahreszeit entsprechend dem Element eingehalten werden muss. Auch ist es wichtig, nicht zu viel Fleisch und Salz zu sich zunehmen, wie Peryt Shou in seinen *Stellungsschriften* darauf hingewiesen hat. Deshalb ist immer und bei jeder Rune auf Intuition und Inspiration zu achten, welche einem die richtigen Hinweise verrät.

Auch wenn einem Hermetiker viele Runen unbekannt erscheinen, so hat doch F. B. Marby alle diese in einer Tabelle aufgelistet, die wir in einem weiteren Runen-Band wiedergeben werden. Man sieht, dass sich Anion an die traditionellen Richtlinien hielt.

Hohenstätten

Die W-Rune:

Die wahre Bedeutung der W-Rune ist in grauer Vorzeit verlorengegangen. Dort führte sie den Namen „wyno" und bedeutet Wonne usw. All die heutigen Beschreibungen sind falsch oder stark verfälscht. Vergleiche dazu die Rune „Auf den Berg treten" von Peryt Shou. Darum habe ich mich entschlossen, die Praktik derselben für wenige ausgesuchte Menschen zu beschreiben!

Bei dieser Rune haben wir es mit zwei Elementen zu tun. Einerseits gehört sie ins Wasserelement, andererseits ins Luftelement.

Wir erreichen bei richtiger Durchführung ein Gefühl des Glücks, welches nicht Materiell wirkt, als vielmehr Astral.

Die Schwingung, die wir durch die Hände und den Kopf spüren, lässt uns im Ganzen liebevoller werden. Bei negativer Einstellung sollten wir dann sofort an das „W" denken und somit an die Verantwortung, die wir auf uns nehmen, wenn wir diese Rune praktizieren. Wir stellen zunächst die W-Rune mit dem Gesicht nach Osten.

Stellung der W-Rune

64

Nun schließen wir die Augen und imaginieren ein heiles Grün. Da hinein sprechen wir oder singen W-W-W!

In den Handflächen beginnt es zu kribbeln oder zu stechen. Wir spüren zwar auch im Kopf eine Art Strom, der jedoch Vielfältig ist, darum werde ich ihn auch nicht beschreiben.

Wir füllen uns langsam mit **kosmischer Liebe**, die sich auf die Natur erstreckt, auf Tiere und Pflanzen, aber insbesondere auf andere Menschen. Der ärgste Feind könnte vor uns stehen, wir würden ihn lieben.

Die W-Rune ist die Verzeihung aller Fehler anderer Menschen. Einmal beherrscht, wird man die Rune **leben**, sonst könnten wir mit starken karmischen Rückschlägen rechnen, wie Hohenstätten es in seiner ersten Autobiografie „Auf der Suche nach Meister Arion" eingehend beschrieben hat. Die W-Rune muss allen Hass in uns neutralisieren, das ist ihre wahre Bedeutung! Sollte ein Streit aufkommen, so ist es Pflicht, sich diese Rune zu vergegenwärtigen.

Die Übungen sind auf einundzwanzig Mal pro Jahr beschränkt. Sie wird nur am Tag durchgeführt.

Runenmagie, wie ich sie beschreibe, ist Quabbalah und muss genauso ernst genommen werden. Wer aber bereit ist, allen Hass abzulegen, um jedem Menschen wohlgesonnen zu sein, braucht keine Angst zu haben. Man überlege es sich aber wohl, ob man dieser Rune gewachsen ist!

Im Laufe der Zeit bringt die Rune, wenn sie richtig durchlebt wird, einige Heilfähigkeiten usw. mit sich. Wenn man die Schwingungen stark in den Händen spürt, lege man diese auf das erkrankte Organ, und stelle sich vor, dass das grüne Licht in den Körper des Patienten übergeht. Während der Behandlung, die nur am Tage durchzuführen ist, summe man ganz leise das „W". Die Behandlungen sind höchstens sieben Mal durchzuführen.

Ich hoffe, hiermit einige Missverständnisse aus der Welt geschafft zu haben und gleichzeitig nicht zu unrecht den Menschen vor dem Gebrauch der Runen zu warnen. Denn man übernimmt große Verantwortung, wie ich es in dieser Schrift noch einmal verdeutlichen wollte!

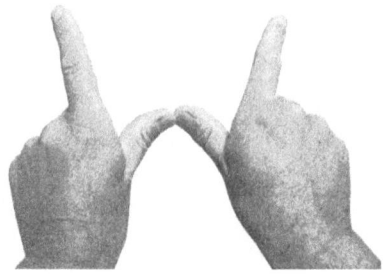

Handzeichen der W-Rune

*

Die L-Rune:

Die L-Rune steht für die Lebenskraft. Sie drückt alles gewordene Leben aus. Ihre Schwingung lädt uns mit reiner göttlicher Lebenskraft (Licht) auf. Sie ist also elektromagnetisch. Bei langer Übung scheinen wir vor Kraft zu leuchten. Bei Beendigung muss die überschüssige Kraft bei tief gesungenen „L" in die Erde abgeleitet werden. Im Prinzip ist die Rune die Sonnenkraft, daher gelingt sie am besten bei Sonnenschein. Wir stellen uns aufrecht hin, damit die L-Rune dargestellt wird. Die Handflächen sind der Sonne zugekehrte. Stellung:

Wir können die Lebenskraft automatisch spüren, in dem wir das „L" in verschiedenen Tönen singen. Je höher der Ton, umso feiner die Lebenskraft und umgekehrt.

Bei häufiger Anwendung spüren wir eine Genesung auf allen Ebenen! Diese Rune wurde hauptsächlich früher oft für Heilzwecke gebraucht. Am besten ist sie aber für die Selbstheilung. Wir können die Rune so oft praktizieren, wie wir wollen.

Während und nach der Übung sind die reinsten Gedanken aufrecht zu halten, damit sie die Lebenskraft nicht imprägnieren. Vorsicht ist auch hier, wie bei allen Runen geboten, denn es gibt auch durchaus eine negativ geladene Lebenskraft, die dann äußerst zerstörerisch wirkt. Nicht nur das ganze Umfeld des Übenden, sondern insbesondere der Praktikant bekommt dann die zerstörerische Kraft zu spüren. Das kann aber nur dann auftreten, wenn wir uns nicht bewusst sind, mit was für Kräften wir arbeiten. Ein religiöses Gefühl ist nie verkehrt und schützt vor manchem Übel. Vor allem, wenn wir heilend wirken wollen, muss die Lebenskraft sehr rein bleiben. Deswegen sagte Guido von List: „Erst lerne steuern, dann wage die Meeresfahrt!"

Durch das Handzeichen können wir bei oftmaliger Wiederholung die Rune ritualisieren, das heißt, dass sie automatisch wirkt.

Ich möchte noch erwähnen, dass der Runenkreis des Futharks (wie ihn Bardon und Kummer zeichneten) nicht anzuwenden ist, weil dieser einer anderen Systematik angepasst ist. Bei unseren Runen-Buchstaben reicht ein einfacher Kreis, der mit Sorgfalt und mit den rechten Gedanken geladen, gezogen, den gleichen Schutz bietet.

L-Runen-Geste

Ich habe diese Rune noch einmal für meine hermetischen Freunde aus dem Futhark herausgenommen, weil sie besonders vielfältig ist, insbesondere wegen dem elektromagnetischen Fluid, welches der Schüler an Hand dieser Rune am besten kennenlernt.

*

Die C-Rune:

Die C-Rune ist eine Rune der Demut und der seelischen Wandlung (Eucharistie). Wie wir in der folgenden Zeichnung sehen werden, ist Stellung der C–Rune eine Verbeugung. Alle Verbeugungen von der damaligen bis zur heutigen Zeit leiten sich von der C-Rune ab.

Stellung der C-Rune

Bei oftmaliger Wiederholung dieser Rune wird uns klar, was die Introspektion hervorruft. Wir werden erkennen, dass ein guter und fester Charakter uns besser durchs Leben führt. Hier haben wir auch die Rune der Wandlung, nicht nur des Charakters, sondern auch die Rune der Umwandlung der stofflichen Materie. Wir können mit der C-Rune nach langen Übungen auch in etwa Edelsteine, Metalle und andere geläufige Talismane mit einer bestimmten Tugend laden. Dies kann aber erst dann geschehen, wenn wir die göttliche Tugend innerlich stark spüren.

Die C-Rune ist außerdem die Rune der Alchemie, weil wir gewisse Substanzen bis zur höchstmöglichen Wirkung bringen können.

Diese Rune ist dem Erdelement analog und wird in Richtung Osten angewendet. Wenn wir unsere Gottheit ehren, ist die C-Rune ein hervorragendes Hilfsmittel.

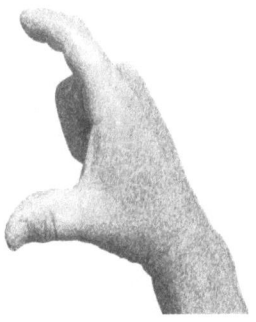

Handstellung der C–Rune

Diese Rune wird am besten kurz nach Sonnenaufgang wirken. Ich wiederhole nochmals, dass bei Ausführung dieser Rune das Gefühl der Demut vorherrschen muss!

*

Anmerkung: Bei der Praktik überkommt dem Schüler ein starkes Gefühl der Demut gegenüber seiner Gottheit und deren Schöpfung. Dieses Gefühl darf nicht durch die Hochmut beeinträchtigt werden, denn sonst erfolgt unweigerlich der Fall ins Bodenlose!

Nach Beendigung der Übung, das möchte ich betonen, muss der Neophyt die Schwingung in den Boden ableiten, so wie es Franz Bardon in seiner kleinen Runenschrift beschrieben hat. Man singt den Buchstaben sehr hoch und leitet die Wellen durch tiefer werdende Töne in die Erde ab. Dies wird dreimal hintereinander durchgeführt.

*

Die D-Rune:

Die D-Rune ist die Rune der Liebe (Schöpfungsakt), angefangen von der höchsten göttlichen Tugend bis hinab zur menschlichen Sexualität. Sie entspricht einerseits dem Wasserelement und andererseits der Lebenskraft.
Anfangs wird die D-Rune eine erhöhte Sexualität hervorrufen, das ist aber nicht ihr eigentlicher Sinn. Durch sie soll man die Liebe vom höheren Aspekt aus kennenlernen, um mit deren Schwingung die Eigenschafen oder Tugenden in sich zu verwirklichen, die dem Wasserelement entsprechen, um sie später mit der Lebenskraft bei sich oder anderen anzuwenden.
Wir werden feststellen, dass unter Liebe die Tugenden wie Barmherzigkeit, Mitleid usw. beinhalten. Der Runenmagier möge hierüber meditieren, um die weiteren Aspekte der Liebe aufzuschlüsseln. – Diese Rune wird stets in Richtung Westen ausgeführt.

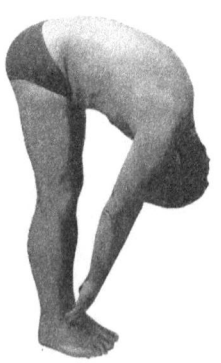

Stellung der D-Rune:

Mit dieser Rune können wir auch bei guter Beherrschung jedes lebende Wesen zum Wachstum verhelfen wie z. B. Bäume, Tiere oder auch Menschen. Insbesondere interessant ist es, dass z. B. auf diese Art und Weise auch menschliche Organe, die sich im Bauchbereich befinden, vergrößern oder im umgekehrten Fall verkleinern kann.

Für die D-Rune sollte die Ausgeglichenheit vorhanden sein, um ihre niederen Schwingungen nicht zu verfallen, denn wer die niedere Sexualität nicht überwinden kann, dem bleiben die weitaus größeren Mysterien – Liebesmagie usw. – unbekannt.

Das Handzeichen der D-Rune wird ähnlich der C-Rune gebildet, wobei der Zeigefinger der linken Hand angelegt wird und auf diese Weise ein „D" bildet.

Durch anfängliche Misserfolge sollten wir uns aber nicht ablenken lassen. Wenn die nötigen Vorbedingungen geschaffen sind, ist ein Erfolg unausweichlich!

*

Anmerkung: Die Formeln a-e-i-o-u sind nur bei Beherrschung der Rune dem Buchstaben zuzufügen. Denn dadurch kommt es zu einer Abweichung der Schwingung, wie das Franz Bardon in seiner „Quabbalah" beim JHVH beschrieben hat.

*

Die V-Rune:

Das Arbeiten mit der V-Rune kann nur als schwarzmagisch angewandt werden. Sie entspricht dem Entzug der Lebenskraft und der symbolisch zweigeteilten oberen Kräfte, daher möchte ich hierzu keine Stellung nehmen, ansonsten wirkt sie genauso wie die umgedrehte Man-Rune!

*

Die S-Rune:

Die S-Rune steht für die aktive Machtausübung. Sie ist eine der stärksten Runen, weil sie die Ausstrahlung des reinen Feuerelementes ist und somit

71

das elektrische Fluid hervorhebt. Leider wurde diese Rune oftmals Missbraucht durch politische Parteien und deren Hintermänner, die größtenteils Schwarzmagier des Thule-Ordens warnen (vgl. die NSDAP, SS). Wer die S-Rune und ihre Schwingungen in sich wachruft, sollte eine starke Selbstbeherrschung im Seelenspiegel vorweisen können, weil bei wiederholtem Gebrauch das Feuerelement sich geistig, seelisch und körperlich stark manifestiert, bis hin zum hohem Fieber des Körpers, bei der Seele möglicherweise durch Aggressivität und im Geiste einen überaus starken Willen hervorruft. All dies muss vom Bewusstsein des Runenmagiers gut beherrscht werden. Sonst kommt es zu unkontrollierten Handlungen, wodurch das Dämonium der S-Rune regelrecht heraufbeschworen wird. Diese Warnung ist durchaus gerechtfertigt und wurde durch meinen Schüler Hohenstätten gut in seiner ersten Autobiografie beschrieben. Der Magier sollte sich vor Anwendung dieser Rune mit der C-Rune vorbereiten.

Mit Hilfe dieser Rune kann man z. B. bei kältesten Temperaturen unbekleidet bleiben, sie erweckt Elan, verstärkt die Lebenskraft, sie ist geeignet in der größten Not seinen Angreifer augenblicklich zurückzuwerfen durch plötzliche Freigabe der S-Schwingung. Außerdem sie ist hervorragend geeignet zur Krankenbehandlung, wo elektrisches Fluid fehlt. Anhand dieser Angaben kann der Magier durch Meditation noch vielfältige andere Wirkungen der S-Rune herausfinden.

Stellung der S-Rune

Man kann diese Rune am Besten in der Sitzstellung üben, wobei die Augen geschlossen werden und ein helles Rot imaginiert werden muss. In dieses Rot hinein summen wir das „S" zunächst leise in den verschiedensten Tonlagen (=Schwingungen), bevor wir die Lautstärke erhöhen.

Wir machen vorher stets drei tiefe Atemzüge – siehe Bardons Schrift – und summen das S-S-S bis die Lunge angenehm leer ist. Diese Übung sollte mit siebenmaligen Summen begonnen werden und mit der Zeit auf maximal einundzwanzig Mal beschränkt werden.

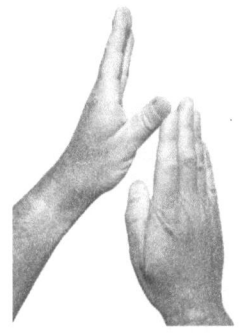

Handzeichen der S-Rune

*

Die Z-Rune

Die Z-Rune ist bis zum heutigen Tag mit ihrer wahren Bedeutung verlorengegangen. Sie unterliegt dem Luftelement und zieht zusätzlich Elektromagnetismus an. Sie dient in der Hauptsache der Hebung des Intellektes und beeinflusst das Langzeitgedächtnis positiv. Im Prinzip ist diese Rune schwierig zu beherrschen, weil man mit ihr keine Töne erzeugt, sondern ein hartes Zischen. Auch die Imagination der hellblauen Farbe, die wechseln muss während des Zischens zum Hellgrün. Diese beiden Farben sind notwendig, um den Elektromagnetismus zu dynamisieren. Die hellblaue Farbe sollte regelrecht leuchten. Bei guter Beherrschung wird die linke Seite des Magiers magnetisch und kühl, die rechte Seite elektrisch und warm. Bei Linkshändern ist es umgekehrt. Mit dieser Rune können nahezu alle Hautkrankheiten behoben werden.

Die Z-Rune ist eine Liegerune, wobei der Rechtshänder auf der linken Seite liegt.

Stellung der Z-Rune

Auch diese Rune ist sehr zur Introspektion gedacht. Das Luftelement sollte nach Beendigung in Form von Meditation auf den negativen Seelenspiegel abgeschlossen werden.

Der Wunsch, ein edler Mensch zu werden, wird sehr stark. Die intellektuelle Seite des Geistes empfindet den starken Drang, sehr liebevoll zu werden. Sollte diese Schwingung sich gut verdichten, wird das Karma gut beeinflusst und so manches wird dem Magier erspart. Man kann die Z-Rune auch als die Glücksrune bezeichnen. Sie kann zu jeder Zeit, auch Nachts, geübt werden, der Kopf sollte in südlicher Richtung liegen. Man hüte sich davor, den Drang zur Veredlung nicht wahrzunehmen oder ihn sogar zu verdrängen. Dies hätte zur Folge, vom Schicksal regelrecht verfolgt zu werden, neben anderen sehr negativen Einflüssen. Der Magier weiß aber genau von seinen Idealen und wird solche Fehler nicht machen. Nach längerem Üben wird diese Rune zum Segen des Praktikers, denn wenn er die Augen schließt, werden astrale Farben anfangs und später astrales sehen möglich. Allerdings muss man hierfür die Imagination beenden und nur der Z-Laut bleibt aufrecht erhalten. Die einzelnen Übungen für das „Z" sollten nicht länger als eine halbe Stunde dauern, wobei durchaus der Abend vorzuziehen ist.

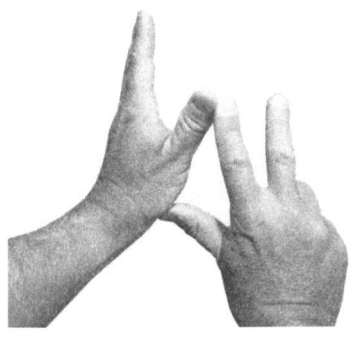

Geste der Z-Rune

*

Die K-Rune:

Die K-Rune steht für die Fortpflanzung bei Mensch und Tier. Sie ist rein Magnetisch und wird dem Wasserelement zugeordnet. Sie ist aber auch die Rune der magischen Fähigkeiten, welche dem magnetischen Fluid unterliegen. Sie wird stets in westlicher Richtung ausgeübt. Stellung:

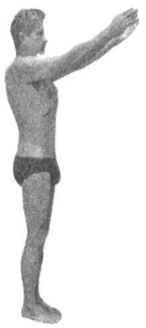

Wir können die K-Rune nicht singen oder summen, weil dann nicht das „K" zum Ausdruck käme, sondern das „A". Wir summen unterbrochen K-K-K-K in den verschiedenen Tönen. Durch diese Rune können wir alle Krankheiten des Wasserelementes beeinflussen. Außerdem kann sie sehr Hilfreich bei der Liebeswerbung angewandt werden. Des Weiteren ist diese Rune sehr angedacht, wenn wir mit dem Wasserelement oder mit dem magnetischen Fluide arbeiten wollen. Bevor wir mit der K-Rune arbeiten können, müssen wir es fertig bringen, den höheren Aspekt der Liebe durch oftmaliges wiederholen der Rune zu erkennen. Wir sollten keinen Hassgedanken aufkommen lassen, welcher die K-Rune zur erotischen Leidenschaft herabzieht und dadurch die wahre Liebe zerstört werden würde. Ist dies einmal geschehen, so schlägt uns eine Welle des Hasses entgegen, welche wir nur kurze Zeit standhalten können.

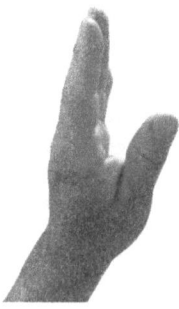

Geste der K-Rune

Bei dem Handritual sollten wir eine starke Kälte spüren und das Gefühl der Liebe zu jeglicher Kreatur aufkommen lassen. Mit einer auf diese Art geladenen Hand, welche immer die linke, die magnetisch-passive ist, kann man dann bestimmte Heilungen vornehmen.

Die H-Rune (Hagal):

Diese Rune wurde bei Kummer leider in verfälschter Weise dargestellt durch folgenden Text, den Anion zusammenfasste, um aufzuzeigen, wie schnell so etwas verdreht werden kann:

Erste Runenstellung der Hagalrune: Der Schüler stelle sich in der Ich-Rune in die freie Natur, wenn möglich auf eine Anhöhe oder einen Bergesgipfel mit dem Gesicht nach Norden oder Osten. Es folgen sieben Atemübungen. Er strecke beide Arme seitwärts aus, die Handflächen nach oben gerichtet und erfühle die Strömungen des Alls. Er singe leise, so dass es noch sein Ohr vernimmt ha-ha-ha-ha, Drehung mit dem Gesicht nach Norden etwas länger. Auf diese Runenstellung wies schon Herr Fr. B. Marby in seiner Zeitschrift „Der eigene Weg" hin und Kummer baute sie mit den folgenden Erweiterungen aus. Wir hingegen veröffentlichen diese von Marby beschriebene Rune im fünften Band der Runen-Reihe, welche die rituelle Mittelpunktversetzung ist.

Runenstellung der Hagalrune

Der Schüler spreize aus der Ich-Runre den rechten Fuß seitwärts. Er stehe jetzt mit angespannten, seitwärts gestellten Füßen, Richtung Norden oder Osten und hebe nun beide Arme schräg nach oben. Jetzt stellt er obige Zeichnung bildlich dar und er singe beim Ausatmen das ha-ha-ha in den verschiedenen Tonlagen. Er drehe sich nun mit gespannten, gespreizten Beinen langsam rhythmisch im Kreise. Bei diesen Runenstellungen besteht für den Schüler eine schwere Aufgabe. Er darf keine Eindrücke in sich aufnehmen. Seine Gedanken müssen vollkommen ausgeschaltet sein, das Gehirn entleert, damit sein Sonnengeflecht und alle okkulten Kraftzentren – die Brücke zu den Göttern – in Funktion treten und so die feinen Allwellen später als neue Gedanken, als Ideen dem Gehirn zuleiten können. Er darf auch nicht in Staunen oder Erregung geraten, wenn er eine Wahrnehmung macht, ein eigenartiges Bild sieht, oder Stimmen hört. Also bleibe er vollkommen passiv, wenn er Eindrücke wahrnimmt, die ihm bisher unbekannt waren, sie dürfen ihn weder erregen, noch gehen sie ihn in diesem Zustande nichts an. Die Wahrnehmungen, oft auch Bilder, treten nicht gleich ein, denn die feinen radioartigen Allströme müssen erst in seinem Innern zu arbeiten beginnen. Oft kommt es vor, dass man bei dieser Übung zum lauten Sprechen gezwungen wird. Darum ist anzuraten, diese Rune möglichst allein in Einsamkeit zu schlagen. Was für eine Wahrnehmung, ein Bild oder Wort es ist, kann ich nicht sagen, denn dies wird bei jedem Übenden nach seiner Entwicklungsstufe, seiner Reinheit entsprechend geschehen. Jedem nach seiner Art.
Ich erinnere nochmals daran, dass Schweigen für den Übenden Gesetz ist. Der in der Hagalrune Geübte wird durch diese Stellung sehr großen Nutzen haben, ist er imstande, bei vollkommener Gedankenleere hohe Geistige Aufschlüsse trotz Gedankenleere zu beobachten. Der Schüler halte nach dieser Übung eine kurze Pause in der Ich-Runenstellung, Gesicht nach Norden, habe dabei Gedanken der Liebe, Harmonie und Zuversicht. Hat sich der Übende genügend erholt, folgen sieben rhythmische Atemzüge in der Hagalstellung.
Die Allströme dringen dreifach in den Körper des Übenden ein und klingen dreifach wieder ab, und zwar im Hinterkopf, in den Händen und Füßen. Dreimal wiederhole der Schüler die Hagalrune. Zu empfehlen ist bei der dritten Wiederholung der Runenstellung die Augen auf die Nasenwurzel zu richten. Später wird auch der Schüler die vierte Dimension in seinem innersten Ich erfühlen.
Mit der Hagalrune beeinflusst der Übende auch stark seine Ausstrahlung,

somit auch seine Astralfarben. Schon in den ersten Übungswochen wird er erstaunt feststellen, dass er um sich zarte Farben wahrnimmt, später wird er sich in leuchtendem Gelb, Blau, Rot usw. schwingen sehen. Sein Sonnengeflecht sendet immerwährend feine Wellen aus, die in dieser Runenstellung durch seinen Od, Aura, geleitet werden, um dann ins All zu strömen. In der ganzen Übungsdauer fließen fortwährend die feinen Wellen ab und strömen zu. Neue Gedanken, Ideen sammeln sich immer mehr im Unterbewusstsein, um sich dann später als Rat oder Ausweg zu offenbaren. Nach dieser Übung verweile der Schüler vollkommen entspannt, in Ruhe, denke so wenig wie möglich oder meditiere über Harmonie, Allverbundenheit. Meist schon in dieser Ruhe wirkt sich die geschlagene Hagalrune aus entweder hellsehend, -fühlend, -hörend oder durch eine Wahrnehmung, Offenbarung, oder der Übende wird selbst zum Sprechen gezwungen, eine neue Idee taucht auf, Rat wird ihm zuteil oder ähnliches.
Der Schüler vergesse nicht, dass der Empfänger, gleichzeitig aber auch Sender ist. Darum verlangt diese heilige Runenstellung auch ein reines, edles Denken, damit die zuströmenden Wellen seiner Höherentwicklung dienen, aber nicht schaden (Reines zum Reinen). Diese Runenstellung offenbart dem Übenden die Stromrichtungen der dies- und jenseitigen, der stofflichen und unstofflichen Welt. So kommt es beim Stellen der Hagalrune auch vor, das man Gedankenwellen noch lebender, aber auch verstorbener Menschen aufnimmt, sowie auch Bilder vom Diesseits und Jenseits sieht. Oft treten auch Spiegelungen auf. Darum ist es von Wichtigkeit, jede Botschaft, Idee, Hellgesichte usw. auf ihren Wert genau zu prüfen. Alle zu- und abströmenden Wellen befinden sich immer in der Richtung, Höhe und Reinheit, die dem Schüler seiner Entwicklungsstufe entsprechend ist.

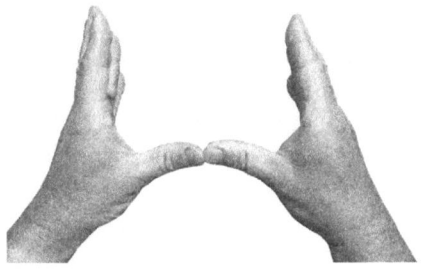

Geste der H-Rune

Darum lieber Schüler streb mit reinem Herzen in heißer Sehnsucht zum Gottmenschtum und ihr werdet himmlische Wellen aufnehmen, göttliche Inspiration erhalten.

Diese Runenstellung war schon vor vielen Jahrtausenden eine der heiligsten Mysterienübungen unserer Priester-Vorfahren, sie ist eine Runenstellung der großen Mysterien und in ihren Tiefen unerschöpflich.

Die Hagalrune ist eine der mächtigsten Runen überhaupt, weil sie Repräsentant für alle Bereiche der Astralebene ist. Außer Frage steht, das man hiermit alle seelischen Erkrankungen heilen kann, wo die medizinische Wissenschaft noch keine geeigneten Mittel hat. Die Hagalrune lässt die ganze Astarlebene erforschen!

*

Die E-Rune

Die E-Rune steht in enger Verbindung mit der Ehe, aber weist auch auf die Ewigkeit hin. Ihre Zahl ist die Zwei, weil zur Ehe zwei Egos gehören. Bei der Höherpolung durch dieser Rune, die dann beide Partner erst allein üben, erreichen sie mit der Zeit eine Umpolung der Fluide. Damit ist die Sexualmagie möglich. Dann steht sie für die Zahl 17. Es ist die Rune der höchsten Liebe. Aus dieser Sicht ist alle geschlechtliche Liebe entstanden, bei Pflanzen, Tieren und Menschen, so dass zwei immer ein drittes entstehen lassen. Diese Rune ist eine sehr hohe, aber auch gefährliche. Wenn man nicht schon ein wenig geschult ist, lasse man die Finger davon, weil es hier um ein sehr hohes sexualmagisches Geheimnis geht. Im Positiven wird kein Kind gezeugt, sondern eine Ursache ins Akasha gelegt. Die zweite Möglichkeit ist ein Kind zu zeugen, welches Geistig schon sehr hochstehend ist, um als geborener Magier durchs Leben zu gehen.

Ein weiterer Vorteil ist, dass wenn ein Partner krank ist, wird er bei richtiger Anwendung sehr schnell gesund, weil kosmische Ströme durch die Vereinigung harmonisch durch die Körper ziehen. Das Dämonium ist die Not-Rune, die schon für sich spricht. Man wird dann zum karmisch Verfolgten.

Stellung der E–Rune

Handstellung der E–Rune

81

Die Man-Rune

Beim Arbeiten mit diesem Buchstaben sprechen wir das Akasha der Erdzone und den Äther der stofflichen Ebene an. Durch den Wechsel unserer Summstimme auf hoch oder tief verändern wir den Rhythmus des elektrischen oder magnetischen Fluides. Das hat zur Folge, dass die Ströme von den beiden Handflächen und des Kopfes in den Solarus Plexus sich zusammenziehen, also in unserem Aksahamittelpunkt. Somit deuten wir magisch an, dass wir direkte Söhne oder Töchter der Vorsehung sind. Wir erfühlen Vergangenheit, Gegenwart oder Zukunft, später sehen wir sie auch vor dem geistigen Auge. Das Wundervollste was passieren kann, nach langer Übung, dass wir das Große Jetzt erkennen können, das bedeutet, dass wir aus dem Zeitgefüge herauskommen, um die Allgegenwart zu empfinden. Diese Höhe ist natürlich nicht beschreiblich, weil der Magier eine Ekstase erlebt. Die Man-Rune spricht also das Höchste an.

Stellung der Man-Rune

82

Die Gegenrune ist die Yr-Rune, die ich gar nicht erst aufschreibe. In ihr ist Irrsinn, Verblendung, Maya und Übel der schrecklichsten Art. Ich müsste mehrere Seiten über die negativen Folgen schreiben. So etwas wünsche ich niemanden.

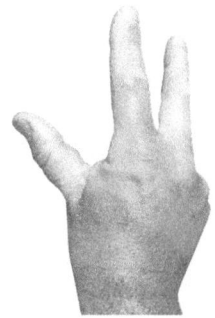

Die Handstellung ist die eines Schwures.

Wir haben es hier mit einer Rune zu tun, die ausgezeichnet für die Alchemie oder aber für Krankenbehandlungen ist. Denn mit dieser Rune können wir Volte jeder Art herstellen. Wird sie beherrscht als Fingerritual, ist sie ein Segen der Menschheit. Darum sagt Guido von List: Sei Mensch!

*

Die Ar-Rune

Sie ist das Zeichen der inneren Sonne. Sie unterliegt dem Feuer nebst dem elektrischen Fluid. Das langgezogene A-A-A bringt dem Geist Intuition. In dieser Rune liegt ein großes Geheimnis, weil man nicht nur das elektrische Fluid, sondern auch das Wasserelement mit dessen magnetischen Fluid beherrschen kann. Der Magier wird durch Intuition erfahren, wie es geht, denn alles darf ich nicht schreiben. Dadurch wird sie zur idealen universellen Heilrune.
Sollte ein unreifer Runen-Magier sie anwenden wollen, so schwindet nicht nur die eigene Lebenskraft sehr schnell, sondern auch die des

vermeidlichen Patienten, wobei der Tod nicht selten ist. Man sei sich stets bewusst, dass jede Medaille zwei Seiten hat.

Bei der großen Ar-Rune sollte man Stirn und Körper immer zur Sonne richten.

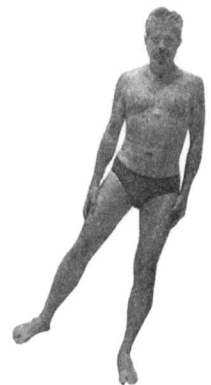

Stellung der Ar-Rune

Die Rune ist auch die Rune des Lichtes. Das ist eine Andeutung, sie zur Heilrune zu machen.

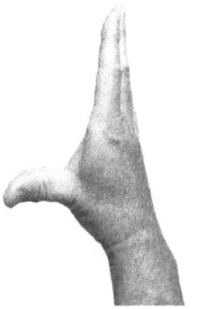

Handstellung

Die Ar-Rune hat den Zahlenwert 10. Jeder kann durch Intuition oder

Meditation den Zahlenwert richtig platzieren. Die Stellung ist sehr schwierig, weil man nur auf einem Bein steht. Zum Ausruhen gehen wir in die Is-Rune, ohne diese zu sprechen. Das Handritual ist erst nach drei Monaten zu machen. Wir strecken sie zur Sonne und summen leise das A-A-A in verschiedenen Tonlagen. Spürt man in der Hand, was vorher vom ganzen Körper empfunden wurde, so ist die Übung gelungen. Dann können wir kombinieren Ar-Ar-Ar oder aber ARA-ARA usw. Jedes Mal werden die Schwingungen in der Hand anders, welche man dann für die Krankenbehandlung gebrauchen kann.

*

Die Not-Rune

Dies ist eine Art schwarzmagische Rune und sehr verführerisch. Der Magier sei also vorsichtig, um keinen Schaden zu nehmen (Mars-Rune!). Er wird erst alle andere Runen üben und beherrschen, bis er sich dem „N" zuwendet. Es ist nicht einfach, diese Schwingung zu ertragen, weil sie gewissermaßen auch dem eigenen Karma zugeordnet wird. Bei den Übungen kommt es immer zu Gewissensbissen oder Selbstvorwürfen. Erst wenn dies überwunden ist, kann man sie beherrschen. Die Vorsätze müssen sehr ehrlich sein und man muss das relative Gleichgewicht haben, will man sich nicht selber schaden. Sind alle Maßnahmen vorhanden, kann man nicht mehr schlecht denken. So besitzt der Magier eine mächtige Waffe, die in unverletzlich macht.
Vor etwa 1900 Jahren hat ein Druide sein Volk und sich gerettet, durch diese Rune. Er wurde gejagt, um das Versteck der Bewohner preis zu geben. Erst als ein Pfeil seinen Rücken traf, blieb er stehen, sich umzuwenden, um das Handritual der Notrune zu tun. Es blitzte kurz auf, 262 Pferde waren auf der Stelle tot nebst 228 Kriegern. Der Rest geisterte unbeholfen durch den Wald. So mächtig ist diese Rune! Der Druide zog den Pfeil heraus und die Wunde schloss sich augenblicklich.
Die Stellung dieser Rune ist nicht einfach. Die Stirn muss nach Norden zeigen.

Stellung der Not-Rune

Man muss regungslos stehen, um Erfolg zu haben. Außerdem ist die Standrune 5 Monate lang zu üben, erst dann das Handritual. Ich zeichne es auf, möge aber der angehende Magier sich im Buch „Das Leben des Franz Bardon" im entsprechenden Kapitel näher informieren. Letztlich kann die Rune durch gewisse Praktiken umgepolt werden, sie ist dann eine der mächtigsten Heilrunen überhaupt.

Man wird beim Handritual eine starke Hitze spüren. Die Ritualhand wird 7 (sieben) Mal ins Wasser getaucht, wobei ein starkes Stechen beginnt. Die so präparierte Ritualhand wird auf das kranke Organ gelegt, welches einen überaus starken Kräftezuwachs erhält. Höchstens 5 (fünf) Minuten so arbeiten, um eine Überladung zu vermeiden. Dabei aussprechen N-N, Na-Na, Ni-Ni. Die Intuition wird einen leiten. Sie ist die einzige schwarzmagische Rune, welche ich beschreiben werde, die wir bei Beherrschung anwenden können. Es gibt aber noch viel mehr, was der Druide noch alles in Erfahrung bringen wird. Deshalb sagt Guido von List zu dieser Rune: Nütze dein Schicksal, widerstrebe ihm nicht!

Not-Runengeste

*

Die Ur-Rune

Das U steht für Vergangenheit. Sie ist die einzige Rune, welche uns soweit zurückführen kann, dass man die Entstehung des ganzen Universums sehen könnte, ferner die Hochkulturen vom Lemuria und Atlantis, eben alles aus der Vergangenheit. Ja, er könnte sogar die atlantische Runenmagie sehen, welche viel stärker als die heutige germanische ist. Mit der Ur-Rune kann der Magier aber auch die Ur-Elemente erkennen, welche uns dann in der Elementemagie sehr zugute kommen. Das Leben könnte aber dazu führen, dass man nur noch in der Vergangenheit lebt. Das wäre das Ende der Entwicklung in der jetzigen Inkarnation! Benutzt man sie für seine eigene Entwicklung, so wird dies nicht passieren. Das große Geheimnis dieser Rune ist, dass man das erreichen kann, wo alle magisch-mystischen Wege länger brauchen. Es kann nämlich die Verbindung mit dem Ur-Vater und der Ur-Mutter wahrgenommen werden. Der Schüler, der bis hierher gekommen ist, darf sich nun Druide nennen. Allerdings muss erst die N-Rune beherrscht werden, wegen des magischen Gleichgewichtes.
Vor allem muss vorher die N-Rune gestellt werden, um keinen Misserfolg zu haben. Das N wird leise 5 (fünf) Minuten vor der Ur-Rune gestellt, um dann direkt in die Ur-Rune zu gehen.

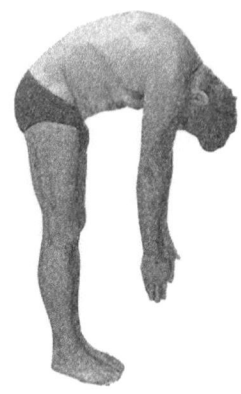

Stellung der Ur-Rune

Die Heilkraft dieser Rune ist sehr seltsam, aber auch sehr wirksam. Wenn wir heilen, benutzen wir immer das Handritual.

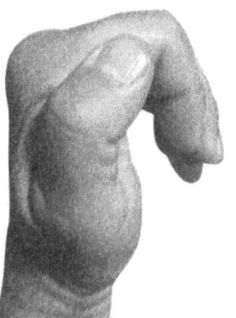

Handstellung der Ur-Rune

Wir heilen mit der Vergangenheit und zwar, in dem man das Bewusstsein in den Patienten versetzt und leise beginnen, die Hand auf dem erkrankten

88

Organ legend, um in die Vergangenheit zurückzugehen, bevor die Erkrankung entstand. Wir verstärken langsam das U-U-**U**-**U**-**U**. Nach genau sieben Minuten ändern wir die Handstellung schnell in die N-Stellung, um die Krankheit zu versiegeln. Wasser sollte man vorher bereitstellen. Wir singen nicht das reine N, sondern fügen ein „i" hinzu, also Ni-Ni-Ni. Dies ergibt in der Regel eine Spontanheilung. Bei sehr starker Erkrankung höchstens an 7 (sieben) Tagen je einmal wiederholen.

*

Die Rit-Rune

Wenn man in der Lage ist, die Mysterien der Rit-Rune in seinen drei Körpern wachzurufen, kann man nach Beendigung des Raunens, nach dem Singen der Formel Ra-Re-Ri-Ro-Ru an die Leidenschaft, an die Charaktereigenschaft denken, die man gewandelt haben oder der man sich entledigen will. Dieses geistig-seelische Problem wird ausgeglichen, weil die Schwingung der Rit-Rune so erschaffen wurde. Das bestätigt schon der Spruch: Runen raunen rechten Rat!

Ende

7. Die 72 Namen Gottes
Anion

Vorwort

Bei dieser Schrift war ich mir nicht sicher, ob ich sie herausbringen soll oder nicht. Man könnte sich nämlich damit schädigen. Da aber zur Praxis nicht viel geschrieben wurde, bin ich beruhigt, denn man darf nicht vergessen, dass man mit Göttlichen Ideen arbeitet, die einen nicht nur das Bewusstsein rauben können. Es wurde aber von Ariane so erwünscht, und zum Glück schützen sich die Mysterien von selbst!
Mehr möchte ich zu diesem kleinen Werk nicht sagen, denn jedes weitere Wort zieht es in den Dreck.

1

Ich bin die Gesetzmäßigkeit der Vorsehung in allen Ebenen der Gnade Gottes und die Barmherzigkeit bei Mensch und Tier. Das Universalgesetz verwirklicht sich im Mikro- und Makrokosmos. In allen Aspekten der Gnade. Die Tugend verwirklicht sich im reinsten Licht.

2

Ich bin die tiefe der Göttlichen Gnade in allumfassender Macht. In unvorstellbarer Macht manifestiert er sich und zeigt seine Allmacht. Das Negative wurde geschaffen, ohne das Gegensätzliche wäre eins vom anderen nicht zu unterscheiden. Ich bin die Ur-Macht. Du bekamst Bewusstsein.

3

Du begreifst das universale Leben. Ich bin die allesdurchdringende Kraft. Ich bin die Substanz der Göttlichen Wesenheit. Ich bin die Urkraft. Ich bin die Gesetzmäßigkeit der sichtbaren Welten. Du bekamst Bewusstsein.

4

Du sollst erkennen die Polaritäten, dann kommst Du mit der Substanz der Göttlichen Wesenheit in Verbindung. Ich bin die Liebe, dies ist meine höchste Tugend. Die Tugend verwirklicht sich im reinsten Licht.

5

Ich bin die Göttliche Majestät. Ich bin unbeschreiblich in Größe, Reinheit und Tiefe. Ich selbst bin die Weisheit. Ich bin die Idee, durch mich begreifst Du das Universale Leben. Die Tugend verwirklicht sich im reinsten Licht.

6

Ich bin der Verstand in allem. Ich bin die Umwandlung und Vergeistigung. Ich bin die Gnade in allen Sphären. Die Tugend verwirklicht sich im reinsten Licht.

7

Ich bin die Polarität. Ich bin die Vereinigung der vier Göttlichen Grundeigenschaften. Von mir kommt die Sehnsucht, wie die im Menschen eingepflanzte Liebe, die ständig dazu drängt, mit der Göttlichen Allmacht, Liebe und Weisheit verbunden zu werden und dieselbe in sich zu verkörpern. Ihr sollt emporstreben. Du bekamst Bewusstsein.

8

Ich bin die Gnade und lasse Dich in die Tiefe schauen. Ich bin Alles in Allem. Du bekamst Bewusstsein.

9

Ich bin die manifeste Allmacht. Ich gebe die Möglichkeit mich zu schauen. Ich bin das Schicksal und Gesetz, oben wie unten, welches sich gleicht. Ich bin das Leben. Die Tugend verwirklicht sich im reinsten Licht.

10

Ich bin die Unterscheidung, durch die Du Dich selbst vergeistigst. Erkenne mich. Du bekamst Bewusstsein.

11

Dies ist das Gesetz meiner Vorsehung, Du sollst es würdigen, denn es ist gerecht. Hier findest Du das Mysterium der Schöpfung und des Schöpfungsaktes. Es ist eine große Harmonie. Du bekamst Bewusstsein.

12

Die Kraft manifestiert sich in mir, hier kannst Du die vollkommene Gerechtigkeit finden. Die Tugend verwirklicht sich im reinsten Licht.

13

Ich durchdringe alles, denn ich bin alles. Ich herrsche über Leben und Tod. Du bekamst Bewusstsein.

14

Du kannst mich nur in reinster Tugend erfassen. Du kannst mich nur empfinden, aber nicht beschreiben. Du kannst mich durch Inspiration empfinden. Die Tugend verwirklicht sich im reinsten Licht.

15

Ich rufe Dich nach geistiger Vervollkommnung und nach höchster Vergeistigung durch das Evolutionsgesetz. Du kannst meine Gesetzmäßigkeit sehen. Ich vereinige alle Tugenden. Die Tugend verwirklicht sich im reinstem Licht.

16

Ich bin die Glückseligkeit, die Du nicht beschreiben kannst. Du verwirklichst Dich in mir, und ich in Dir. Ich erreiche die Harmonie in uns.

Du bekamst Bewusstsein.

17

Ich beeinflusse die Erkenntnis. Ich bringe den Einklang. Ich bin der göttliche Frieden, desgleichen der Segen meiner Vorsehung. Du bekamst Bewusstsein.

18

Ich manifestiere die Allmacht als die höchste vorstellbare Kraft. Diese Tugend manifestiert sich im Akasha als das höchste und reinste Licht, welches dem Urfeuer-Prinzip analog ist. Die Tugend verwirklicht sich im reinstem Licht.

19

Gut und Böse, also Positiv und Negativ müssen bestehen, um sich voneinander zu unterscheiden. Ich unterscheide. Ich bin auch das Urwasser-Prinzip. Du sollst Herr über Deine Gefühle und Empfindungen sein. Das Karma wird urteilen. In Dir bin ich das Gewissen. Du bekamst Bewusstsein.

20

Ich bin das Urprinzip der Gerechtigkeit und verlange Anerkennung und Würdigung der göttlichen Gesetze. Das Schicksal ist nicht gleich meiner Vorsehung. Ich bin das Manifest des Glaubens, wodurch Euch Mut und Ausdauer zuteil wird. Unterscheide in mir die Allkraft, also meine Qualität. Meine Allmacht äußert sich dagegen in der Uridee, als Urtugend des ersten meiner Prinzipien in allen Reichen, in allem Geschaffenem. Die Tugend verwirklicht sich im reinstem Licht.

21

Ich habe den Überfluss geschaffen. Ich habe die Macht, jedes Schicksal zu ändern. Rufe das ICH-Bewusstsein wach. Die Tugend verwirklicht sich im reinstem Licht.

22

Durch mich wirst Du Zeit und Raumlos. Es kommt Dir vor, als ob all die tausend Verkörperungen die Du durchgemacht hast, in ganz kurzer „Zeit" durchlebt wurden. Werde Herr der Liebe in allen Phasen und Aspekten. Die Tugend verwirklicht sich im reinstem Licht.

23

Ich habe Dir Dein Gedächtnis gegeben. Ich kann Deinen Geist durch das Wasser verzücken, Du würdest die Liebe verstehen. Die Tugend verwirklicht sich im reinstem Licht.

24

Ich bin die Unergründlichkeit, Du wirst sehen, dass nichts Strafe ist, sondern nur ein großes Begreifen. Alle meine Ideen vom Größten bis zum Kleinsten, in der Höhe und in der Tiefe sind rein. Du bekamst Bewusstsein.

25

Wenn Du mich erkannt hast, wird sich jeder Gedanke und jeder Wunsch augenblicklich realisieren. Du bist Herr über das astrale Licht. Du unterliegst nicht mehr den Elementen, Du hast die astrale Unsterblichkeit erreicht. Die Tugend verwirklicht sich im reinsten Licht.

26

Du kannst mich umfassen wie ich Dich umfasse, denn Du hast mich erkannt. Du bekamst Bewusstsein.

27

Einst war ich mit der Urmutter eins, bis sie mich als Adonai gebar. Sie war einst alles und ich war in ihr. Als ich den Schoß verließ, begann meine Schöpfung. Du bekamst Bewusstsein.

28

Und wieder ist eine Ewigkeit vorbei, und wieder werde ich vereint sein mit Mir, der Mutter und meinem Sohn und wieder werden wir uns trennen. Dies ist das wahre Mysterium der Schöpfung. Die Mutter gebärt – ich schaffe – mein Sohn verwirklicht. Die Tugend verwirklicht sich im reinsten Licht.

29

Ich schaffe Deinen Himmel und verwirkliche unsere Heimat, die ich durch die Geburt verlor. Ihr alle kehrt Heim zu mir. Du bekamst Bewusstsein.

30-32

Ist mit irdischen Worten nicht auszudrücken.

32

Dieser Name ist Dein Weg für die Ewigkeit. Die heiligen Tiere wachen darüber. Ich bin das Mysterium, das unergründlich ist. Hier ist mein Name in Rot und Grün und Blau, denn mein Sohn ist das wirklich trennende Element, ausgestattet mit seiner Mutter und mir, die wir eins sind. Geheiligt ist das braune Element, denn dies ist meine Schöpfung. Du bekamst Bewusstsein.

33

Du bist mein Keim, aus dem ein Baum wird und Du wirst meine Frucht tragen. Die Keimlinge werden durch die Mutter neu geboren, so sind wir ewige Saaten. Die Tugend verwirklicht sich im reinstem Licht.

34

Mit irdischen Worten nicht auszudrücken.

35

Und am siebten Tag als die Erde und der Mensch erscheinen sollten, ging aus von meiner Gegenwart ein mächtiger Engel voll Zorn und Zerstörung, und ich verlieh Ihm die Herrschaft unserer Erde. Die Ewigkeit brachte die Zeit hervor, das Grenzenlose gebar das Begrenzte, das Sein stieg herab in die Zeugung. Unter den Engeln ist keiner Ihm gleich, in dessen Händen gelegt sind die Macht und die Herrlichkeit dieser Welt. Du bekamst Bewusstsein.

36

Dieser Engel ist der Türhüter meines Tempels, damit niemand darin eintrete außer der Gesalbte. Viele Namen habe ich Ihm gegeben, Namen des Geheimnisses, verborgen und schrecklich. Der Widersacher, weil die Materie dem Geist widerstreitet, und die Zeit selbst die Heiligen des Herrn verklagt. Du bekamst Bewusstsein.

37

Fürchte Ihn und sündige nicht, spreche seinen Namen mit Zittern, denn Satan ist der Richter meiner Gerechtigkeit. Er hält die Waage und das Schwert. Ich habe einen Gürtel um seine Lenden getan und der Name des Gürtels ist „SATURN". Du bekamst Bewusstsein.

38

Er hat seine Jungfäulichkeit verloren, indem Er himmlische Geheimnisse enthüllte. Er ist mein Knecht. Er umschließt mit Fesseln und begrenzt alle Dinge. Du bekamst Bewusstsein.

39

Zweifach sind meine Heerscharen: Im Himmel die Scharen des Michael, in der geoffenbarten Welt die Legionen des Satans. Dies ist der Ungeoffenbarte und der Offenbarte, der Freie und der in Materie gebundene, der Gefallene und der Jungfräuliche, und beide sind die Diener, die mein Wort erfüllen. Du bekamst Bewusstsein.

40

Ich gebe Dir hiermit zu erkennen, dass alles was geschieht, zu Deinen Diensten ist und wenn Du die Schrift liest, wirst Du frei im Innersten. Dies bewirkt mein Name, den Du hiermit aussprichst. Die Tugend verwirklicht sich im reinstem Licht.

41

Ich bin in jeder Sonne, im Raum und im Nichtraum. Ein jeglicher Planet hat einen meiner Vertreter, der ich selbst bin. Denn ich bin eins mit allen in der Allgegenwart. Du bekamst Bewusstsein.

42

Meine ungeoffenbarte Allgegenwart ist der Mittelpunkt allen Seins. Deswegen zieht es den Vollendeten zu mir, der mich dann vollend erkennt. Um diese Reife zu erlangen, muss er die Persönlichkeit ablegen. Die Tugend verwirklicht sich im reinsten Licht.

43

Viele nennen diesen Vorgang Tod, aber in Wirklichkeit bedeutet es allerhöchstes Leben. Wer denkt ich würde meine Kinder töten? Dies kann nur Maja verursachen. Du bekamst Bewusstsein.

44

Einst stehst Du vor mir, und ich kenne Dich. Ich zeige ich mich in fünf, sonst könntest Du mich nicht erfassen, aber ich bin die Eins und meine Rückseite die Null. Von meiner linken siehst Du das Weib, von meiner rechten den Mann und in der Mitte vereinige ich. Die Tugend verwirklicht sich im reinsten Licht.

45

Ich schuf Milliarden mal Milliarden Welten und noch mehr Wesen. Alle kenne Ich und nichts entgeht mir. Leid und Freude sind meine Geschöpfe.

Sie formen im Großen und im Kleinen, bis mein Gesetz erfüllt ist, dann ist alles auf allen Ebenen Gold. Du bekamst Bewusstsein.

46

Meine Saat geht auf, weil meine Allmacht will, meine Weisheit es treibt, meine Allliebe sich äußert und meine Allgegenwart es beobachtet. Ich selbst als höchstes Dasein lenke. Die Tugend verwirklicht sich im reinstem Licht.

47

Meine Rückseite hat das Bild von allen, ihr Mittelpunkt ist das Alles in Allem, ohne Zeit und Raum. Von daher steht die Vollendung jetzt schon fest. Du bekamst Bewusstsein.

48

Ich bin in allen Dingen der Schöpfung, ob in der belebten Materie oder in der sogenannten unbelebten Materie. Du findest mich im Staubkorn und in der größten universellen Sonne. Du bekamst Bewusstsein.

49

Aus mir sprudelt unaufhörlich die Kraft des Lebens, sie ist die Form meiner Wiederspieglung, durch sie wird alles Verdichtet und daher kann man davon ausgehen, dass selbst das kleinste Sandkorn in gewisser Weise lebt. Die Tugend verwirklicht sich im reinstem Licht.

50

Die Lebenskraft an sich ist ebenso (un?)erforschbar, wie meine Wesenheit. Die dichteste Form ist die animalische Lebenskraft, die feinste Form ist das Astrallicht. Als Sonne hundert mal heller erscheine ich in der Astralebene. Sie birgt das Geheimnis des Lebens. Von hieraus erstrahlt die Kraft nach oben und unten. Du bekamst Bewusstsein.

51

Diese meine Lebenskraft ist belebend oder wirkt entgegengesetzt, denn nichts schuf ich mit nur einer Seite. Die Lebenskraft wird von mir in sieben Dichtigkeitsgraden geschaffen. Sie erscheint im Weiß, Silber, Gold, Rot, Violett, Grün, Blau. Dies birgt das Geheimnis der Lebensbänder, so habe ich die Seele mit einer silbernen Schnur an deinen Körper gebunden. Die Tugend verwirklicht sich im reinstem Licht.

52

Mein Wort spreche ich in zehn Schlüsseln, bei denen es je um fünf qualitative und fünf quantitative Schöpfungen geht. Und nur meinem Kind lege ich dies in die Hand seines Bewusstsein, um einstmals der zu sein, der ich bin. Die Menschen haben für mich tausende von Namen, aber ein jeder passt zu mir. Die Tugend verwirklicht sich im reinsten Licht.

53

Mit diesem meinem Namen will ich in allen Menschen das Bewusstsein geben, das unerklärliche und das erklärliche Wesen meiner Selbst merklich zu berühren. Die Tugend verwirklicht sich im reinstem Licht.

54

Erlange die Krone der Unsterblichkeit um Dich mir zu nähern. Denn nur dieses Juwel zähmt meinen Hüter. Denke nicht an die Zeit, sondern habe unsere Verbindung als erhabenes Ziel, denn jeder der zu mir kommt, den mache ich zum Herrscher des Universums. Meine Vierheit und am Ende meine Mitte belehrt Dich in höchstem Maße, die nicht in Worte zu kleiden sind. Die Tugend verwirklicht sich im reinstem Licht.

55

Mit diesen Worten mache ich mich selbst erstmals bekannt meinen Kindern. Seit Urzeiten nannte ich mich „ICH BIN, DER ICH!" Nun aber erfährst Du meinen längsten Namen. Und diesen lies in Demut. Du bekamst Bewusstsein.

56

Ich schuf offenbar vier Elemente aus meinem Mittelpunkt. Als universaler Schöpfer brachte ich sieben Elemente in die Welt. Dies zählt aber nicht für Deinen Kosmos, denn denke, meine Schöpfung ist Unendlich und in anderen Kosmen bedurfte es mehr. Einstmals wirst Du sie alle erfahren und Dein Erstaunen wird überaus groß. Du bekamst Bewusstsein.

57

Dunkel wie Schwarz sehen mich meine Geschöpf. Heller als 1000 Sonnen bin ich meinen Söhnen und Töchtern. Denn sie schauen durch alle Spieglung hindurch. Die Tugend verwirklicht sich im reinstem Licht.

58

Glanz und Göttliche Ehre all meinen Geschöpfen, sie sind, weil ich bin. Kein Unterschied ist in mir, so auch nicht in meinem Geschöpfe. Du bekamst Bewusstsein.

59

Oben bin ich, unten bin ich, dazwischen bin ich. Ich bin das Licht der höchsten und niedersten Dämonen. Sie sind meine linke Hand, Dich zu lehren. Die höchsten und niedersten Engel sind meine rechte Hand, um Dich zu erfreuen und zu erhöhen. Die Tugend verwirklicht sich im reinstem Licht.

60

Du Mensch, mein Ebenbild, in dir bin ich, schweigsam, unerkannt. Das macht auch Dich unerforschlich, wie mich. Du hast Dich verloren, vor langer Zeit, dies war Deine größte Tat. Mein Hauch blieb für Ewig, so wurdest Du das höchste Geschöpf, mir gleich. Du bekamst Bewusstsein.

61

Meine Kinder kehren zu mir zurück und sind keine Kinder mehr. So habe ich es bestimmt. Nur ich stehe dann über Euch, so wie der VATER über dem Kind steht. Euer zu Hause ist das Reine in der Reinheit, kein Makel ist dann an Euch, so ist meine Vorsehung. Ihr seid so wie ich, ihr handelt wie ich. Willkommen Schöpfer, Erhalter, Zerstörer. Die Tugend verwirklicht sich im reinstem Licht!

62

Lang und schwer ist euer Weg, der zu meiner Schwelle führt, doch für mich ein Augenblick. Ich stehe hinter der Krone, die für euch so wichtig ist. Alsbald tretet auch ihr hinter die Krone und lasset euren Herrscher für euch dienen. Dies ist mein Gesetz, welches sich nicht zeigt dem Menschen, sondern nur Gott. Du bekamst Bewusstsein!

63

Mit Geduld tragt die Schmach, mit Geduld tragt das Glück. Zu mir gekommen, fällt beides weg, um ein Besseres zu empfangen, welches reine Göttlichkeit ist, Leben, wie es euch unbekannt ist. 72 Gesetze erkennst Du, wovon du dir nicht eines vorstellen kannst. Die Tugend verwirklicht sich sich im reinstem Licht.

64

So ist mein Name, den ihr nicht begreift, bis dass ihr vor mir steht. Der Weg heißt Allmacht, Allwissen, Allliebe und Allgegenwart. Diese vier Eigenschaften sind der Wind meines Hauches. Du bekamst Bewusstsein!

65

Wer sich kennt, kennt mich. Wer sich nicht kennt, den kenne ich auch. So treib ich euch durch mein Feuer und brenne euch, bis die Blendung fällt. Ich bin der Ich bin. Die Tugend verwirklicht sich im reinstem Licht.

66

Krankheit ist Blindheit vor meinen Gesetzen. Strafe kenne ich nicht. Erziehung kenne ich nicht, denn ihr wachset in meinem Garten, die Guten und Schlechten. Ich füge beide zusammen, so wird aus schlecht auch gut, weil man mich nicht verderben kann. Du bekamst Bewusstsein.

67

Für euch bin ich der Anfang ohne Ende. Ich aber war schon immer, ohne Anfang. Ein Gesetz, welches ihr nicht erkennen könnt, weil ihr einen Anfang hattet. Tausend mal tausend Schöpfungen waren vor euch, ohne Anfang. Des Menschen Gedanken werden wirr, wenn sie versuchen, mich zu kennen. Deswegen sende ich meine Liebsten, die euch meine Gesetze bringen. Sie sind wie ich, fern von Verwirrung. Wer sie tastet, der berührt mich. Die Tugend verwirklicht sich im reinstem Licht.

68

Was immer ihr auch denkt, ihr werdet auch in diesem mir nicht näher kommen ohne Demut. Euer Geist versenkt sich, vergesst euch um den Schleier Maya zu beseitigen, zitiert meinen Namen, so kommt ihr mir nahe. Seht nicht die Worte, sondern meine Gesetze. Du bekamst Bewusstsein.

69

Ihr dürft nicht Menschen sein, ihr müsst meine Gesetze werden, so erlangt ihr das Jod-He-Vau-He, welche der Schlüssel zu mir ist! Als wahrer Sohn dürft ihr eintreten, als wahre Tochter seht ihr meine Taten, aber ein Bild, könnt und dürft ihr nicht machen, denn schon verfehlt ihr mich. Die Tugend verwirklicht sich im reinstem Licht.

70

Alle Völker verehren mich, doch mein wirklicher Name bleibt allen ein Geheimnis. Es gibt viele Götter, aber sie sind von mir erschaffen. Die zu mir kommen, brauchen einen Gott, den sie in sich verwirklichen, weil er eine Perle von mir ist. So ist der Sinn der Gottheit. Du bekamst Bewusstsein.

71

Ich harre in der Gegenwart. Dies ist ein Gesetz. Zeit ist nur für meine

Geschöpfe, um aus ihr die Ewigkeit zu lernen. Des Menschen Geist ist auch nur in der Gegenwart, so ist er nicht alt oder Jung. Alle Ebenen, ob stofflich oder nicht sind für mich gleich. Die Tugend verwirklicht sich im reinstem Licht.

72

Mein letzter Name ist gleich meinem ersten, dem Kreise gleich, ohne Anfang und ohne Ende. Du bekamst Bewusstsein.

Ende

Anhang: Weiterführende Tabellen

DIE 22 GROSSEN ARKANA

	NAME	HEBRÄISCHER BUCHSTABE	KABBALA (10 SEPHIROT)	PLANET	BEDEUTUNG
1.	Magier	Aleph	Kether	Sonne	erste Ursache, Wille
2.	Hohepriesterin	Beth	Chohmah	Mond	kreativer Gedanke, Wissen
3.	Herrscherin	Gimel	Binah	Erde	Handlung, Reichtum
4.	Kaiser	Daleth	Chesed	Jupiter	Verwirklichung, Energie
5.	Papst	He	Pachad	Merkur	Gerechtigkeit
6.	Die Liebende	Vau	Geburah, Tiphereth	Jungfrau	Einheit der Gegensätze, Schönhe
7.	Wagen	Zain	Netzah	Schütze	Sieg
8.	Gerechtigkeit	Heth	Hod	Waage	Gerechtigkeit
9.	Eremit	Teth	Jesod	Neptun	Klugheit
10.	Schicksalsrad	Jod	Malkuth	Steinbock	Schicksal, Unsicherheit
11.	Kraft	Kaph		Löwe	Gewicht
12.	Hängender	Lamed		Uranus	gewaltsamer Tod, Opfer
13.	Tod	Mem		Saturn	Veränderung
14.	Mäßigung	Noun		Wassermann	Initiative
15.	Teufel	Samech		Mars	geheime Wissenschaften
16.	Turm	Main		Widder	Untergang
17.	Stern	Pe		Venus	Hoffnung
18.	Mond	Tsade		Krebs	Täuschung
19.	Sonne	Coph		Zwilling	Glück
20.	Gericht	Resh		Fische	Erneuerung
21.	Welt	Shin		Stier	geistige Macht, Selbstbeherrschu
22.	Narr	Tau		Skorpion	Unsicherheit, Passivität

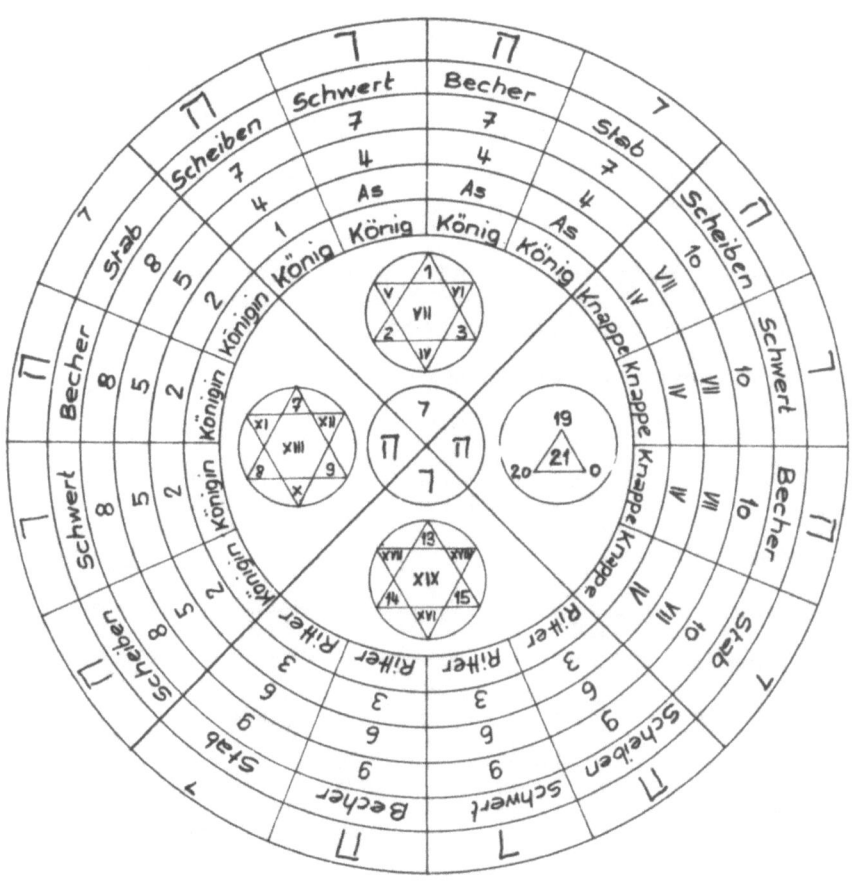

Aus Papus: Tarot der Zigeuner

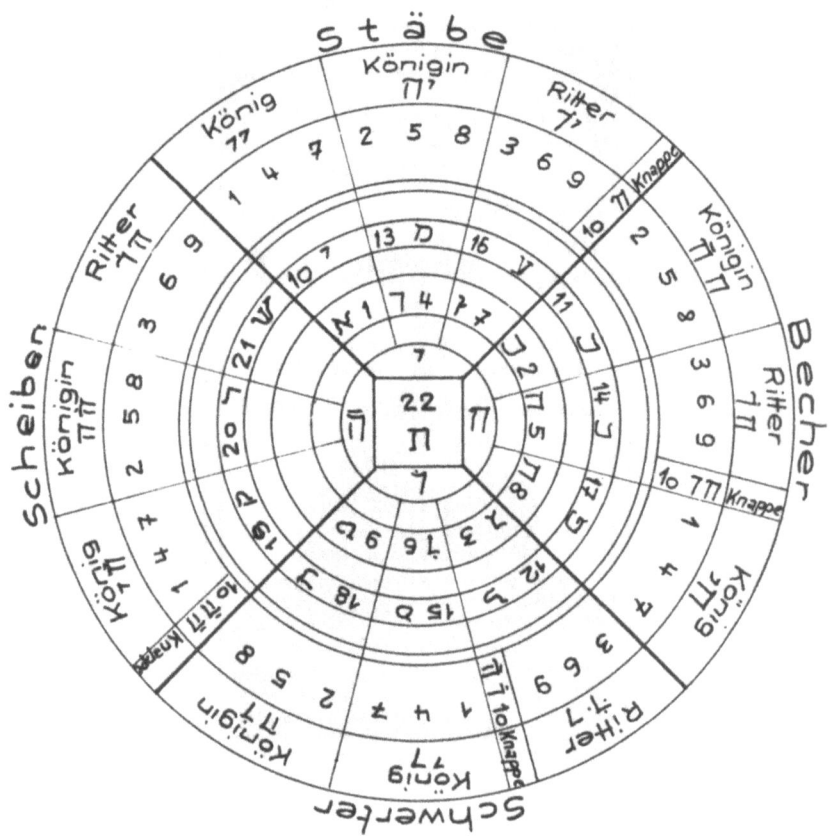

Aus: Tarot der Zigeuner

106

Ordnungs-zahl	Hiero-glyphe	Name	Bedeutung in römischen Buchstaben	Werte im Alphabet
1	א	Aleph	A	Mutter
2	ב	Beth	B	doppelt
3	ג	Gimel	G	doppelt
4	ד	Daleth	D	doppelt
5	ה	He	E	einfach
6	ו	Vau	V	einfach
7	ז	Sajin	S	einfach
8	ח	Heth	H	einfach
9	ט	Teth	T	einfach
10	י	Iod	I	einfach und Prinzip
11	כ	Kaph	CH	doppelt
12	ל	Lamed	L	einfach
13	מ	Mem	M	Mutter
14	נ	Nun	N	einfach
15	ס	Samech	S	einfach
16	ע	Ajin	GH	einfach
17	פ	Phe	PH	doppelt
18	צ	Zade	Z	einfach
19	ק	Koph	K	einfach
20	ר	Resch	R	doppelt
21	ש	Shin	SH	Mutter
22	ת	Thau	TH	doppelt

Aus: Tarot der Zigeuner

Schöpferprinzip ▼ Aktiv (▼)	Gott der Vater 1	Wille 4	Der Vater 7	Notwendigkeit 10	Universelles Umwandlungsprinzip 13	Zerstörung 16	die Elemente 19
Schöpferprinzip Passiv π	Adam	Können	Verwirklichung	Magische Kraft	der Tod	der adamitische Fall	die Ernährung
Schöpferprinzip Ausgleichend 7	Natura naturans	Universelles Schöpferfluidum	Astrallicht	Kraftpotenz zur Manifestation	Universelle Bildekraft	die sichtbare Welt	das Mineralreich
Erhalterprinzip ▼ Aktiv (π)	Gott der Sohn 2	Intelligenz 5	die Mutter 8	Freiheit 11	Involution 14	Unsterblichkeit 17	Eigenbewegung 20
Erhalterprinzip Passiv (π)	Eva	Autorität	Gerechtigkeit	Mut (Wagemut)	Körperliches Leben	Hoffnung	Atmung
Erhalterprinzip Ausgleichend 7	Natura naturata	Universelles Leben	Elementare Existenz	Reflektiertes und vergängliches Leben	Individuelles Leben	Die physischen Kräfte	das Pflanzenreich
Verwirklichungsprinzip ▼ Aktiv (7)	Gott der Heilige Geist 3	Schönheit 6	Liebe 9	Nächstenliebe 12	das Verhängnis 15	das Chaos 18	Bewegung von relativer Dauer 0
Verwirklichungsprinzip π Passiv	Adam-Eva, die Menschheit	Liebe	Klugheit (Schweigen)	Hoffnung (Wissen)	Schicksal	der materielle Körper	Nerventätigkeit
Verwirklichungsprinzip 7 Ausgleichend	Der Kosmos	Universelle Anziehung	Astralfluidum (AOUR)	Ausgleichskraft	Astrallicht in Zirkulation	die Materie	das Tierreich
	Selbst (▼) + − GOTT (21)	manifestiert	selbst (π) + − MENSCH–MENSCHHEIT (21)	manifestiert	selbst (▼) + − UNIVERSUM (21)	manifestiert	Rückkehr (π) zur Einheit

Aus: Tarot der Zigeuner

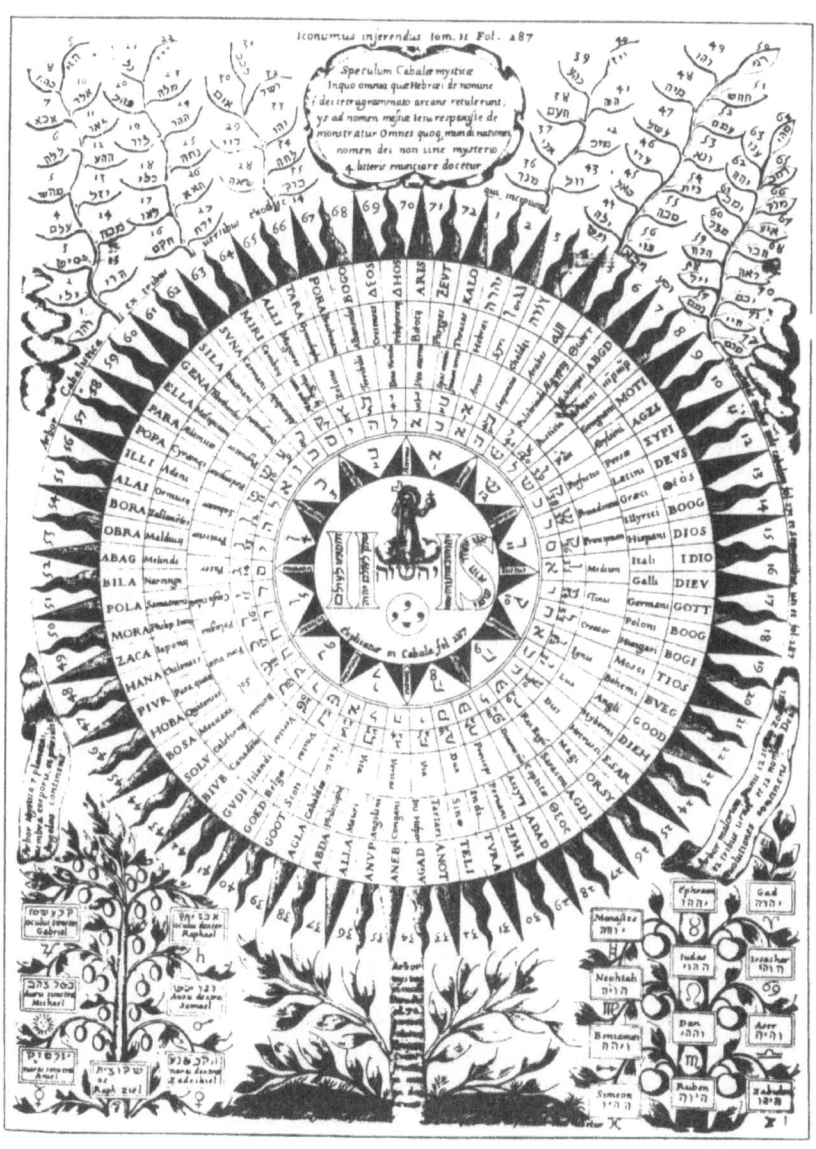

Der Lebensbaum

8. Binderunen

Als Steinmetzzeichen, Wappeninschriften, Sinnbilder und Schutzsymbole finden wir oft eigenartige Verschachtelungen von Runen, Binderunen genannt, deren tiefere Bedeutung sich dem Beschauer heutigentags kaum noch offenbart. Der Kenner erahnt nur den Ideengehalt, den diese seltsamen Konstruktionsgebilde in sich bergen. In der Verfallszeit des Runenweistums sind es wohl nur mehr Abkürzungen von Personennamen oder Dingbezeichnungen, meist die Anfangsbuchstaben zu einer Rune verschmolzen. Seinsverbundene Ideen stellen in der Regel die runischen Sinnzeichen jüngerer Herkunft dar, der magische Charakter kommt durch sie mehr oder minder zum Ausdruck, wenn ein wirklich Runenkundiger sie ersonnen hat.

Jede Rune ist ein magischer Faktor. Wer es nun versteht, mehrere solcher Faktoren zu einem einzigen Wirkungsfeld zu vereinen – zu einer Binderune also – vermag seinen Absichten, metaphysisch gesehen, einen starken Nachdruck zu verleihen.

Unschwer dürfte es nun dem wahren Runenmagier möglich sein, an Hand dieser Hinweise unter Auswertung des Tabellenmaterials für seine Zwecke passende Runenkombinationen mit Kraft und Macht zu ersinnen. Sehr wahrscheinlich werden jetzt auch Hausmarken, Sinnzeichen, Wappensymbole, Giebelverzierungen runischen Charakters eine ganz andere, viel deutlichere Sprache sprechen. Durchaus ist es so, dass da und dort ein Wissender das Bekenntnis seiner Beziehung zu den Wirkkräften der geistigen Welt dargelegt hat. Scheinbar jedes Sinnes bare Liniengewirre enthüllt höchste Geheimnisse.

Binderunen sind eine Art Monogramm, das aus mehreren miteinander verbundenen Runen besteht und heute noch an der deutschen Ostseeküste als Hansemarke und Schutzzeichen dient. An alten Bauernhäusern oder Fischerbooten sind sie zu finden. In Ägypten wurden damit Statuen und magische Stäbe geladen, man findet diese Form auch in den Schriftzeichen der Japaner, wobei jeder Strich ein Idee verkörpert. Darüber werden wir an geeigneter Stelle noch ausführlicher sprechen, sodass jeder Hermetiker genauestens darüber Bescheid weiß. Denn dann öffnen sich ungeahnte Weiten!

Weitere Bücher aus dem Christof Uiberreiter Verlag:

Das goldene Blatt der Weisheit
Seila Orienta/Franz Bardon

Zum ersten Mal in der okkulten Literatur wird die 4. Tarotkarte des Hermes Trismegistos verständlich beschrieben und offengelegt. Sie beinhaltet unbekannte Konzentrations- und Meditationsübungen. Des Weiteren gibt sie Hinweise und erklärt die Unterschiede zwischen Magie und Mystik und Gefahren des einseitigen Weges. Am Ende steht die Verbindung mit der universellen Gottheit, dem Herrn der Sonnensphäre, welcher quabbalistisch „Metatron" genannt wird.

*

5. Tarotkarte – Mysterien des Steins der Weisen
Seila Orienta/Franz Bardon

Dieses Buch stellt die Vorderseite der Alchemie dar, die die einzelnen praktischen Übungsschritte erklärt, ohne die verschlüsselten Mystifikationen der alten Alchemisten auch nur annähernd zu erwähnen, wie man es aus den anderen Büchern des Franz Bardon kennt. Es wird erklärt, dass ohne vollkommene Beherrschung der 4 Elemente keine Alchemie möglich ist. Des Weiteren wird mit den einzelnen Ebenen, mit den Matrizen, dem elektromagnetischen Fluid usw. gearbeitet. Doch den Hauptpunkt stellen die göttlichen Eigenschaften wie z. B. die Allmacht dar, mit denen der Göttliche Stein der Weisen durch gewisse Übungen geladen wird.

*

Talismanologie und Mantramkunde
Seila Orienta/Franz Bardon

Zum ersten Mal werden hier (magisch) geladene Mantrams – Gebetssätze – preisgegeben, welche bei nötiger Reife, Ausgeglichenheit und Reinheit durchdringende Erfolge versprechen. Mantrams sind ja nach Bardon nicht irgendwelche „Suggestionssätze", sondern sie sind Ideenausdrücke, mit denen man mit Mächten, Kräften, Eigenschaften, also Gottheiten, in Verbindung kommen kann. Gleichzeitig werden die dazugehörigen Siegelzeichen der göttlichen Ideen preisgegeben, welche im rituellen

Zusammenhang mit den Mantrams stehen. Ein Buch, das nicht nur die Hermetiker, sondern auch die Anhänger der Yogawissenschaften inspirieren wird!

*

Eine Sammlung der schönsten und lehrreichsten Beschwörungsgeschichten
Hohenstätten

Dieses Buch ist einzigartig, denn es zeigt den zweiten Band von Franz Bardon an Hand von interessanten Evokationsberichten, die genau das bestätigen, was Bardon in seinem Buch geschrieben hat, und noch darüber hinaus. Es werden sensationelle Erlebnisse geschildert, die man sonst niemals findet. Auch aus unveröffentlichten Schriften wird zitiert.

*

Verkörperungen des Meister Arion
Hohenstätten

Man wird beim Lesen dieses Buches nicht glauben, wie viele bekannte und unbekannte Inkarnationen Franz Bardon hatte. Die paar, die im „Frabato" bekannt gegeben wurden, stellen nur einen geringen Teil seiner Verkörperungen dar. Wir mussten, da es dermaßen wenig Literatur über die Verkörperungen gab, wieder Hunderte und Aberhunderte von Büchern, Aufsätzen, Zeitschriften und Artikeln durcharbeiten, bis wir genügend Material für dieses Buch hatten. Aber der Leser wird sich beim Lesen sicherlich über unsere Arbeit freuen, denn sie wird ihn in Erstaunen versetzen!

*

Shamballa, der goldene Tempel des Lichts
Hohenstätten

Dieser Tempel dürfte jeden Leser von Bardons Roman „Frabato" fasziniert haben. Dass es aber in der okkulten Literatur noch viel mehr Informationen darüber gibt, die man aber nur findet, wenn man alles Veröffentlichte gelesen hat, dürfte dem einen oder anderen unbekannt sein. Es wurden wieder ganze Stöße von Büchern durchgesehen und das Ergebnis wird hier veröffentlicht. Es wird aber gleichzeitig darauf hingewiesen, wie viel Schundliteratur es darüber gibt, wie viel Lügen im Umlauf sind, damit sich der Schüler der Hermetik ein klares Bild machen kann. Wir bringen in diesem Buch alles, was wir an Material darüber gefunden haben, und es wird auch noch einiges aus der eigenen Erfahrung, was das Wertvollste ist, mitgeteilt. Nicht nur über den Tempel wird berichtet, sondern auch über die damit verbundene „Bruderschaft des Lichts", deren Sitz er darstellt.

*

Auf der Suche nach Meister Arion
Hohenstätten

Diese Autobiographie eines Schülers der Hermetik des Franz Bardon schildert sein magisches Leben, in welchem zahlreiche Erfahrungen zu den Übungen aus dem Adepten geschildert werden, die die Hauptperson selbst erlebt hat. Es wird der schwere Weg des Adepten aus autobiographischer Sicht gezeigt, seine vielen Tiefschläge, aber auch seine glanzvollen Seiten und Zeiten. Der harte Kampf mit dem Seelenspiegel wird bis in alle Einzelheiten aufgezeigt, genauso wie die vielen anderen Wege, in welche der Autor reinschnupperte, um dadurch reichlich Erfahrung sammeln zu können. Darüber hinaus enthält es unzählige Erfahrungen und Berichte betreffs Mantramistik nach Bardon, die wahre Runenmagie, zahlreiche Evokationen sowie Invokationen mit seinem Lehrer Anion, einen magischen Exorzismus, wie er bisher noch nie öffentlich geschildert wurde. Mentalreisen, Beeinflussungen, Übungen zur Gottverbundenheit, Erscheinungen, Alchemie, Heilungen mit den verschiedensten magischen Methoden z. B. Quabbalah oder durch die Elemente, Schutzgeistevokationen und viele andere magische „Wunder" seines Freundes und Lehrers Anion. Auch einige magische Fotos in Farbe, ein bisher von Bardon unveröffentlichtes Akashafoto von Christus und ein Bild des schwebenden Meister Arion werden in diesem Buch preisgegeben. Der Inhalt ist viel reichlicher, als hier kurz beschrieben werden kann.

*

Magisches Gleichgewicht
Hohenstätten

Dieses Buch zeigt eindeutig, dass in allen anderen Systemen das „Gleichgewicht" genauso gebraucht wird, wie bei Bardons Werken. Er war nicht der Einzige, der das erwähnte, aber er war der erste, der es deutlich erklärte, denn die anderen Systeme sprachen nur durch das Symbol, welches nicht jedem Leser verständlich war. Obendrein bringen wir noch Unveröffentlichtes vom Meister Arion zu dieser Grundlage der magischen

Entwicklung.

*

Das Leben und die Erfahrungen eines wahren Hermetikers
Seila Orienta

Diese Autobiographie eines Magiers ist unübertroffen, denn bis jetzt hat kein einziger okkult Geschulter so offen und ehrlich gesprochen wie Seila Orienta. Er gibt in diesem Werk sein Leben bekannt, sowie seine zahlreichen und äußerst interessanten Erlebnisse und Erfahrungen. Es werden auch zum ersten Mal Fotos von Wesen der Sphären gezeigt, welche Franz Bardon höchstpersönlich in den 1920ern gemacht hat. Des Weiteren schreibt Seila Orienta über die Sphären, über Dämonen, Logenkontakte und vieles, vieles mehr, was einem ehrlich strebenden Hermetiker das Herz übergehen lassen wird.

*

Das Leben des Franz Bardon
Hohenstätten

Dieses Buch beschreibt das Leben des Meisters außerhalb des Frabatos, welches seine Sekretärin – Otti V. – geschrieben hat. Es beinhaltet Erklärungen zu seiner „Biografie", weitere Einzelheiten über den Kampf mit der FOGC, seine Beziehung zu Wilhelm Quintscher und anderen Okkultisten, was alles bisher unbekannt war! Des Weiteren werden viele Erlebnisse seiner Schüler in Prag erzählt, verschiedene magische Leistungen und interessante Geschichten Bardons beschrieben, die bis dato unveröffentlicht sind. Es werden auch seine drei Lehrwerke und deren Wirkung auf die Öffentlichkeit von einem anderen, unbekannten Standpunkt geschildert, welcher durch bisher schwer zugängliche Schriften unterstützt wird. Als Krönung wird seine aus dem Tschechischen übersetzte „Runenschrift" zum ersten Mal veröffentlicht. Auch einige Seiten aus anderen unveröffentlichten Schriften von ihm sowie interessante Fotos des Meister Bardon und seiner Freunde werden hier preisgegeben und vieles, vieles mehr.

*

In Verbindung mit der Gottheit
Hohenstätten

Über das Thema der Gottverbundenheit mit all seinen Formen und

Methoden wurde bis heute noch nie ein Buch verfasst, geschweige denn eine Schrift geschrieben. Man findet in der okkulten wie in der östlichen Literatur nur spärliche Hinweise, die größtenteils verschlüsselt sind oder so geschrieben wurden, dass man sie kaum versteht. Im Gegensatz dazu wird in diesem Buch offen dargelegt, dass das 1. kleine Arkanum der 78 Tarotkarten die Gottverbundenheit in ihrer Reinform darstellt.

*

Hermetische Heilmethoden
Hohenstätten

Dieses Buch stellt in der okkulten Literatur ein absolutes Unikum dar, denn über die Gesamtheit der okkulten Heilmethoden wurde bis jetzt noch NIE etwas Sinnvolles geschrieben. Es werden alle Heilmethoden erwähnt, die der hermetische Schüler mit Hilfe seiner bisher erlangten Konzentrationsfähigkeit ausüben und verwenden kann.

*

Erste hermetische Zeitschrift

„Der hermetische Bund teilt mit" ist eine der wenigen magisch-mystischen Zeitschriften, welche sich soweit als möglich auf die universelle Lehre von Franz Bardon bezieht. Sie versucht sich an die Gesetze des 4-poligen Magneten zu halten und vermittelt Wissen sowie Hinweise für die Praxis, damit der Leser die Möglichkeit hat, sie in seinen hermetischen Weg aufzunehmen und für sich gewinnbringend zu verarbeiten.

Noch viel mehr hermetische Literatur finden Sie auf unserer Website: http://www.hermetischer-bund.com.

Viel Vergnügen beim Stöbern!

Der Verlag